Die Mainzer Stadtspaziergänge von Michael Bermeitinger erschienen zuerst unter dem Titel ‚Stadtspaziergänge' in der Allgemeinen Zeitung Mainz.

Stadtplan aus dem Jahr 1954: Von Stadtpark und Südbrücke über Weisenau bis zum Zementwerk, dazu die ganze Oberstadt.

MAINZER STADTSPAZIERGÄNGE

Michael Bermeitinger

Stadtpark – Weisenau – Oberstadt 

BAND 8

Layout: Roland Eggers, edition-tz.de

Fotos:
AZ-Archiv: 25 (o.), 35 u., Fotoclub Mainz), 67 (o., Klaus Benz), 75 (o., Klaus Benz), 99, 100 (o.u.u., Klaus Benz), Sammlung Michael Bermeitinger: 3, 6, 7 (2), 8 (2), 9 (3), 10, 11 (o.r.u.l.), 11 (u., Hans Armster), 12, 13 (2), 14 (2), 15, 16 (2), 17 (2), 18, 19 (o.), 19 (u., Hans Armster), 20 (Johann Hinkel), 21, 22 (u., Schöning), 23, 24 (2), 25 (u.), 26, 27 (2), 28, 29 (2), 30 (Harald Neise), 31 (o., Harald Neise), 31 (u.), 32 (Klaus Pippert), 33 (2), 34 (2, Dreher), 35 (o.), 36 (u.), 37 (Becker), 38 (o.l.), 38 (o.r., Klaus Benz), 38 (u., Klaus Pippert), 39 (2), 40, 41 (2), 42, 43 (2), 44 (2), 45, 46, 47 (2), 48 (3), 49 (Johann Hinkel), 50 (u.), 51 (Harald Neise), 52, 53 (2), 54 (2), 55 (2), 56, 57 (2), 58 (o.), 59 (o.r.u.o.l.), 59 (u., Harald Neise), 60 (o., Harald Neise), 61 (2, Ketteler Bauverein), 62, 63 (2), 64 (o.), 65 (2), 66, 67 (u.), 68, 69 (u.), 70 (3), 71 (4), 72 (2), 73, 74, 75 (u.), 76, 77, 78, 79 (2), 80, 81 (2), 82, 83, 85 (2), 86, 87 (2), 88, 89 (2), 90 (3), 91 (u.), 92, 93 (2), 94 (2), 95, 96 (o.), 98 (u.), 103 (2), 104, 107, 108 (2), 109, 110 (2), 111 (4), 112,, 113 (2), 114, 115, 116, 117 (2), 118, 119 (2), 120, 121 (2), 122, 123 (2), 124, 125, 126 (2), 127 (o., Johann Hinkel), 127 (u.), 128, 129 (u.), 130, 131 (o.), 132, 133 (2), 134, 135, 136, 137 (o.), 138, 139 (2), 140, 141 (2), 142, 143, Firma Georg Bruch: 129 (o.), Josef Fabry: 105 (2), Familie Ganz: 22 (or.u.l.), Uli Holzhausen: 101, Harald Kaster: 137 (u.), Ketteler Bauverein: 58 (u.), Sascha Kopp: 98 (o.), Philipp Münch: 96 (u.), 97 (o.), Familie Petry: 107 (o.), Patrick Raynal: 91. (o.), Familie Schulte: 106 (3), Stadtarchiv Mainz: 36 (o.), 50 (o.), 69 (o.), 84, 97 (u.), 102, 131 (u.), Familie Willius-Senzer: 64 (u.).

Druck:
TZ Verlag & Print GmbH, Roßdorf

edition-tz.de | Leinpfad Verlag
Tel. 0 61 54 / 8 11 25
E-Mail: service@tz-verlag.de
www.edition-tz.de

ISBN 978-3-96031-013-6

Inhalt

Die Brücke in den 20ern, vorn ein Zug mit Weinfasswagen von „Henry Ramontxo Mainz Barcelona". Rotwein wird damals in Waggons mit zwei Fässern, Weißwein in Wagen mit einem Fass transportiert.

171 Südbrücke

Über den Rhein bis nach Istanbul

Gäbe es so etwas wie eine Hitliste der Mainzer Traditionsspaziergänge, also all jener sonn- und feiertäglichen Touren, die man als Kind an der Hand der Eltern unternommen hat, stünde der Weg über die Südbrücke sicher weit vorn. Vom Stadtpark auf den Überweg, zwischen dessen Betonbohlen der Blick in die Tiefe aufs dunkle Wasser geht. Das löst leichten Schauder aus, und wenn ein Zug über den Stahl trommelt, alles dröhnt und wackelt, der Fahrtwind das Haar zaust, da sucht die Kinderhand rasch sicheren Halt ... Besonders früher, als noch Dampfloks zischend und qualmend vorbeidonnern.
Einen richtigen Namen hat die Querung hinüber zur Mainspitze nie. Bei der Bahn ist sie stets die Südbrücke, bei den Mainzern schlicht die Eisenbahnbrücke. Aber auch wenn ihr Pendant im Norden hochtrabend nach dem Kaiser benannt wird, so ist die am Stadtpark immer die wichtigere. Ende 1862, am 20. Dezember, wird sie eröffnet. Natürlich ist sie bis auf Pfeiler und Türme heute nicht mehr jene Brücke, die damals in Anwesenheit von Großherzog Ludwig dem Betrieb übergeben wird, sondern die dritte. Und dabei sind die Notbrücken aus Nachkriegszeiten nicht mitgezählt.

Die Brücke wird von der Hessischen Ludwigs-Eisenbahn-Gesellschaft, kurz: Ludwigsbahn, erbaut. Die nimmt 1853 die Strecke von Mainz nach Worms in Betrieb, strebt den Weiterbau gen Norden und nach Darmstadt an. Letztere, die „Rhein-Main-Bahn", geht 1858 in Betrieb, aber nur vom Gustavsburger Hafen aus, weil eine Bahnbrücke fehlt. Entsprechend mühsam gestaltet sich für Reisende der Weg.

Lok 38 2381, eine preußische P 8, anno 1927 mit P 1317 am Bahnwärterposten.

Ein Stich aus den 1860ern, der Bahnhof liegt noch am Rhein.

Sie müssen bei der Klosterkaserne am Weisenauer Ortseingang in ein Schiff nach Gustavsburg umsteigen. Für den Transport von Güterwagen trägt das Schiff ein Gleis.
Dieses „Trajektieren" ist bei steigendem Verkehr unwirtschaftlich, und 1860 beginnt der Brückenbau. Erteilt wird der Auftrag einer Nürnberger Firma, der späteren MAN, die dafür in Gustavsburg eine Fertigungsstätte errichtet - die Brückenbauanstalt, aus der das Zweigwerk der MAN erwächst.

Zunächst ist die Brücke nur eingleisig, doch klugerweise werden beim Bau der Brückenpfeiler und -portale alle Voraussetzungen für ein zweites Gleis geschaffen. Als sich im 1870/71er

Der Rheingold-Luxuszug um 1930 auf der Brücke. Er nimmt damals den Weg über die Riedbahn nach Mannheim.

Krieg gegen Frankreich zeigt, dass ein Schienenstrang nicht ausreicht, bauen Pioniere für den Nachschub zwei Behelfsbrücken. Und noch 1871 ist der zweite Brückenzug fertig.
Im prosperierenden Reich wird der Verkehr dichter, die Güterzüge länger, und über die Südbrücke rattern elegante D-Züge mit Schlaf- und Speisewagen. Ende der 20er-Jahre kommt der berühmte „Rheingold" über die Südbrücke, ein echter Salonwagenzug, der zur Umgehung des Ludwigshafener Kopfbahnhofs den Weg über den Rhein und via Riedbahn nach Mannheim nimmt.

Der „Rheingold" rollt schon über den zweiten Brückenbau. Denn die Brücke ist bereits um 1900 zu schwach und wird bis 1912 ersetzt. Allerdings ist den neuen Trägern ein kürzeres Leben beschieden als den Vorgängern – in der Nacht zum 18. März 1945 pusten Soldaten des

Nach nur zehn Tagen Bauzeit eröffnen die US-Pioniere im April 1945 die ersten Notbrücke mit diesem Zug.

Pionierbataillons 33 aus der Kasteler Von-der-Goltz-Kaserne das Bauwerk zeitgleich mit den anderen Mainzer Brücken in die Luft.
Die Zerstörung ist der letzte verzweifelte Versuch, George Pattons 3. US-Armee aufzuhalten. Und wehe, die Sprengung gelänge nicht. Wie am 7. März 1945, als die Amerikaner die legendäre „Brücke von Remagen" im Handstreich nehmen können, weil zuvor die Sprengung wegen unzureichendem Sprengstoff scheitert. Daraufhin lässt Hitler vier Offiziere von einem Fliegenden Standgericht am 13. und 14. März wegen „Feigheit und Dienstpflichtverletzung" zum Tode verurteilen und erschießen. Die Kasteler Pioniere wissen also, was sie erwartet, wenn sie die Brücken nicht zum Einsturz bringen.

Die US-Armee stoppt das nicht, denn sie baut bei Oppenheim, dann bei Mainz rasch Pontonbrücken. Die reichen natürlich nicht für die großen Nachschubmengen – eine Eisenbahnbrücke muss her. Und dafür braucht es eine schnelle Truppe: das 718. Railway Operating Bataillon.
In einem unbeschreiblichen Eilmarsch rollt ein gewaltiger Konvoi mit Stahlträgern, Dampframmen, Baggern, Kränen, Blechen, Schienen und schwerem Werkzeug von Luxemburg über die wenigen größeren, aber heillos verstopften und löchrigen Straßen nach Mainz. Am 1. April treffen sie ein und gehen am 4. April mit deutschen Gefangenen und Brückenbaugerät des MAN-Werks Gustavsburg an die Arbeit. Und zehn Tage später fährt am 14. April 1945 der

General Patton eröffnet die Brücke am 14. April 1945, und schon im Januar 1946 geht unterstromig eine zweite Brücke in Betrieb. Zur Eröffnung gab es ein eigenes Programmheft.

legendäre US-General Patton mit dem Eröffnungszug über den Rhein.

Aber auch das ist nur ein Provisorium, denn die Brücke wird ohne Öffnung für den Schiffsverkehr gebaut. Die ist zunächst nicht nötig, da die meisten Schiffe versenkt sind und ohnehin so viele Trümmer im Rhein liegen, dass an Schifffahrt nicht zu denken ist. Aber es ist klar, dass die Versorgung mit Massengütern wie Kohle und Erz alsbald den schiffbaren Rhein benötigt. Daher beginnen die US-Pioniere des im September 1945 zusammengestellten 333. Engineer Special Service Regiments rasch mit dem Bau einer neuen Eisenbahnbrücke. Gleichzeitig errichten sie als Ersatz für die Straßenbrücke eine weitere Notbrücke in Verlängerung der Kaiserstraße, die in Kastel auf dem heutigen Rathenauplatz endet.
Beim Bau der Brücken spielen Gedanken an die Zivilbevölkerung keine oder allenfalls insofern eine Rolle, als die Brücken natürlich auch für Transporte von Lebensmitteln für die Deutschen dienen. Ansonsten geht es in der ersten Nachkriegszeit um die Bedürfnisse der Besatzungstruppen. Schon am 18. Januar werden beide Brücken eingeweiht: die „General Alexander M. Patch, Jr. Highway Bridge" an der Kaiserstraße und die „General George C. Marshall Railway Bridge" am Stadtpark. Geladen sind hohe französische und US-Repräsentanten, die Deutschen will keiner dabei haben.

Zwei Jahre später beginnt der Neubau der Brücke, die am 24. September 1949 eröffnet wird. 424 Meter lang, dazu die Vorlandbrücken von 578 Metern Länge. Stahl ist knapp, aber zum Glück lagert bei MAN in Gustavsburg noch ein SKR-Brückengerät, ein aus genormten Komponenten bestehendes Brückensystem für den Kriegseinsatz.
Die in Gustavsburg lagernde Brücke soll 1942 als eingleisiger Ersatz für eine gesprengte Brücke über den Dnjepr unweit Kiew gebaut gewesen sein, doch das erledigt sich, als die Rote Armee Ende 1943 den Fluss überschreitet. Für diese Verwendung spricht auch, dass die 900 Meter lange Brücke der Breite des Dnjeprs entspricht. Da man für den Rhein nur die Hälfte braucht, nutzt man die Bauteile für den zweigleisigen Ausbau, weshalb die Südbrücke aus zwei parallel geführten eingleisigen Brücken besteht. Die Konstruktion bewährt sich. Nach zweifacher Sanierung und Teilerneuerung hält die Kriegsbrücke bis heute.

Vor ein paar Jahren, im trockenen Sommer 2018, kehrt die Erinnerung an die Kriegszeit zurück, als bei Niedrigwasser im Rhein 70 Granaten einer Flugabwehrkanone Kaliber

Die beiden Notbrücken bei Hochwasser 1946. Die Trümmer des alten Bauwerks sind abgeräumt.

Ein internationaler Schnellzug Anfang der 50er. Hinter der Dampflok Baureihe 01 läuft ein Schlafwagen der Compagnie Internationale des Wagons-Lits (CIWL). Auf dem linken Turm ist der Betonring der Flakstellung zu sehen. Das andere Bild zeigt den FT 1124, der ab Oktober 1952 Frankfurt mit Paris verbindet und von französischen Triebwagen gefahren wird.

3,7-Zentimeter entdeckt werden. Weil dem Kampfmittelräumdienst der Transport der rostigen Geschosse zu riskant ist, werden sie vor Ort gesprengt. Woher die Granaten stammen, ist gut auszumachen, wenn man vom Stadtpark an der „Favorite" den unterstromigen Brückenturm ansieht. Dort ist ein leicht über die Zinnen ragender Betonring zu erkennen, der im Krieg als Schutz einer Flakstellung dient. Dort oben steht eine 3,7-Zentimeter-Flak, deren Mannschaft, als die Amerikaner kommen, das Geschütz aufgibt und die Munition in den Rhein wirft. Nicht nur der Blick auf das Bauwerk ist schön und interessant, sondern auch jener von der Brücke. Wohl fast jeder, der nach einer langen Reise mit der Bahn nach Mainz heimkehrt, versucht bei der Fahrt über den Rhein einen Blick durch die Streben auf die Silhouette der Stadt zu erhaschen. Das ist wohl so, seit es die Brücke gibt, und für jeden, der die Heimat verlässt, ist es der letzte Blick. Früher fährt man ja noch in die Ferne mit der Bahn, und auch von Mainz aus geht es bis in die 70er und 80er ohne Umsteigen durch ganz Europa. Über die Südbrücke fahren Züge und Kurswagen direkt nach Prag, Wien, Budapest, nach Belgrad, Athen und sogar bis Istanbul. Lange her.

Luftbild aus den späten 50ern, sehr gut zu erkennen die Bauart der MAN-Kriegsbrücke Bauart SKR 6, die für den Dnjepr gedacht war.

Das in vielen Reiseführern gerühmte Stadtpark-Panorama um 1905.

172 Stadtpark und Favorite

Wo die Mainzer seit 200 Jahren spazieren gehen

„Flamingos gucke, Papageie, Schlange, un dann ins Stadtparkrestaurant. En Halwe fer de Vadder, Kaffee un Kuche fer die Mudder, un mir Buwe habbe e Limo kriet un e Eis." So hat einmal ein älterer Mainzer die Frühlings- und Sommersonntage seiner Kindheit beschrieben, wenn mal wieder Spazierengehen im Stadtpark ansteht. Ein Ritual in kurzen Stoffhosen, weißem Hemd, kniebestrümpft in Sandalen. Und wehe, es gibt Flecken. Wenn die Jungs vom Tisch aufstehen dürfen, um nach den vorbeifahrenden Zügen zu schauen, halten sie sich vom Geländer über den Gleisen fern. Die Bahn ist gefährlich, aber noch gefährlicher ist die Mutter bei Rostspuren auf den Sonntagssachen.

In den Mainzer Trümmerjahren sind die Parks das einzig halbwegs intakte Idyll. Ganz ohne Zerstörung übersteht aber auch der Stadtpark den Krieg nicht. In der Nacht zum 5. Oktober 1943 fallen hier 430 Stabbrandbomben und 18 Phosphorkanister zu 40 Kilo. Es gibt vier Schwerverletzte, einen Dachstuhlbrand und 20 kleinere Brandschäden. Möglicherweise ist es der Notabwurf eines Bombers mit anderem Ziel. Später wird auch das Palmenhaus zerstört.

Es ist nicht die erste Zerstörung im Lauf der Geschichte. Einst liegt hier das Albanskloster, in dem 794 Karl der Große seine Frau Fastrada bestatten lässt und auch Erzbischof Rabanus Maurus seine letzte Ruhe findet. 1552 brennt bei der Belagerung von Mainz durch Markgraf Albrecht von Brandenburg alles nieder, ebenso das benachbarte Kloster der Karthäuser. Später wird der hier gelegene Abtsgarten von den

Das Lustschloss Favorite existierte keine 100 Jahre, oberhalb davon die Karlsschanze.

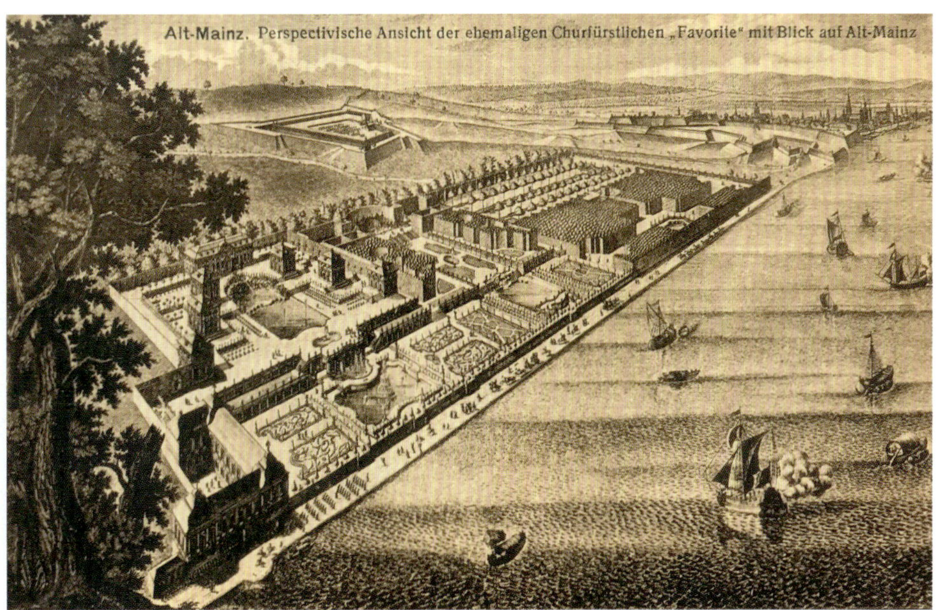

Schweden verwüstet, und auch die ab 1700 von Kurfürst Lothar Franz von Schönborn gebaute Sommerresidenz „Favorite" existiert nur kurz.

Lustschloss und Park folgen dem Vorbild französischer Anlagen, allen voran Versailles. Auf der Höhe liegt das Hauptgebäude, flankiert von Pavillons, dann eine große Fontäne, ein

Stadtplan von etwa 1830, man sieht die Anlage, den heutigen Stadtpark, und die umfangreichen Befestigungsanlagen.

Die um 1825 erbaute Restauration in der Neuen Anlage.

Weiher und Terrassen mit Springbrunnen und Wasserkaskaden bis hinunter zum Rhein, auf den alles ausgerichtet ist.

Noch prächtiger ist der Blick vom Strom auf die Favorite, so ein zeitgenössischer Bericht: „Die aufsteigende Anlage erschien nie herr-

Schöne Litho-Ansichtskarte aus dem Stadtpark, verschickt 1905, entstanden wahrscheinlich schon vor 1900.

licher als bei nächtlicher Beleuchtung. Wenn man bei solchen Festen von Kostheim her auf dem Rhein fuhr, so glaubte man, ein leuchtendes Feenschloss vor sich zu sehen. Die sechs sich zur Höhe der Albansschanze erhebenden Pavillons waren wie brennende Paläste. Altane und Fassaden schienen aus Brillanten gehauen, die Wasserkünste schleuderten glänzende Edelsteine gegen den nächtlichen Himmel. Alleen und Baumgruppen warfen ein blendendes Grün zurück, und zwischen all den Herrlichkeiten drängten sich frohe Menschen unter herrlicher Musik."

Der Park soll nochmals vergrößert und in eine englische Anlage umgewandelt werden, als aus Paris der Revolutionslärm herüber hallt, der französische Adel an den Rhein strömt. Zu Pfingsten 1791 gibt der Kurfürst für 600 Emigranten ein prächtiges Fest - es ist das letzte.

Ein Jahr später ist es vorbei mit Pracht und Sorglosigkeit. Erst hausen hier die französischen Revolutionstruppen, dann beschießen deutsche Truppen die Stadt, bald kehren die Franzosen zurück, und am Ende liegen nicht nur Teile der Stadt, sondern auch das Lustschloss in Trümmern. Erst 1819 wird das Gelände neu gestaltet und erhält den Namen „Neue Anlage". Ein Park moderner Prägung mit Restauration nebst Tanzsaal, das der Italiener Karl Marchisio 1825 erbaut.

„Dieser öffentliche Garten ... beginnt gleich außerhalb dem Neuthore und erstreckt sich aufwärts in freundlichen Pfaden, schattigen Alleen und reizenden Windungen durch einen herrlichen Park nach dem Wirthschaftslocale des Herrn Marchisio", heißt es 1844 in „Mainz wie es ist, oder neues und vollständiges Panorama von Mainz (Ein Führer für Fremde und Einheimische) von Dr. Eduard Reis. „Man genießt an verschiedenen Punkten wunderbare Aussichten, wovon immer die, welche uns Mainz mit seinem Dome zuwendet, die reizendste ist."

Das Palmenhaus auf einer kolorierten Ansichtskarte.

Das Ehrenmal erinnert an das XI. deutsche Bundesschießen von 1894 in Mainz, daneben das lange schon verschwundene Tempelchen.

Alle Reiseführer von Baedeker über Woerl bis Grieben rühmen dieses Panorama, bei dem man von der Aussichtsterrasse gegenüber der Eisenbahnbrücke die Silhouette der Stadt mit all ihren Türmen bewundern kann. Heute ist dieser Blick zugebaut und zugewachsen, aber über Jahrzehnte ein Lieblingsort für Maler und Ansichtskarten-Fotografen.

Durch Eisenbahn-Bau und Chaussee-Ausbau verliert der Park ab den 1850er-Jahren mehrfach Gelände. Der Baedeker notiert 1886: „Die Eisenbahnen nach Frankfurt und Darmstadt und nach Ludwigshafen durchschneiden die Anlage. Erstere überschreiten den Rhein auf der 1862 vollendeten Eisenbahnbrücke, welche in vier nach dem Paul'schen (Fischbauchträger-)System ausgeführten Bogen von über 125m Weite über den Strom führt. Ein Spaziergang über die Brücke bietet schöne Aussichten rheinaufwärts- und rheinabwärts."

In den 1880ern wird die „Neue Anlage" neu gestaltet, und 1891 lässt der Verschönerungsverein das Palmenhaus von einer Frankfurter Eisengießerei in Art der Früh-Renaissance errichten. 1906 wird auch das Restaurant erneuert, und zu Ostern wirbt ein Inserat im „Mainzer Anzeiger": „Einer der herrlichsten Punkte des Rheines ist die ‚Neue Anlage' gegenüber der Mündung des Maines und der schönen Eisenbahnbrücke ... Grosses Restaurant, 3000 Personen fassend. Vollständig neues Inventar. Neues Eisbuffet. Bier im Glas. Eröffnung am 1. Osterfeiertage."

Über alle Kriege und Krisen hinweg ist der Park ein Lieblingsort vieler Mainzer - zum Spazierengehen, Kaffeetrinken oder in den 20er-Jahren zum nachmittäglichen Tanztee. 1941 feiert man das 50-Jährige Bestehen des Palmenhauses - aber bald liegt es in Trümmern.

Generationen von Jungs beobachteten vom Steg am Stadtpark die Züge: Hier um 1954 zwei Schnelltriebwagen der „Rheinblitz-Gruppe", die aus vier Triebwagen bestand, die auf getrennten Wegen von Dortmund nach Köln fuhren, dann vereinigt bis Mainz, um sich wieder zu trennen. Diese hier fuhren nach München bzw. Regensburg, die anderen beiden nach Basel und via Stuttgart nach München.

Das Restaurant wird als Provisorium aufgebaut mit Biergarten, aber das reicht den Mainzern für den sonntäglichen Spaziergang aus. Und wenn's den Buben mit den Eltern zu langweilig wird, rennen sie zum Geländer, blicken aufs Gleis nach Ludwigshafen oder zur Brückenauffahrt.

Es ist die Zeit, da wissen Jungs über alles

Der Stadtpark um 1950. Anstelle des zerstörten Restaurants wurde ein schlichter Flachbau errichtet.

Die Anfang der 60er-Jahre gebaute „Favorite-Restaurant". Unten Blick vom Fußgängersteg am Roten Turm auf den „Rheinblitz": Der besteht aus vier Schnelltriebwagen, die auf getrennten Wegen von Dortmund nach Köln fuhren, dann vereinigt bis Mainz, um wieder verschiedene Ziele anzufahren. Mit pünktlichen Zügen funktioniert so was ...

Bescheid, was fährt und fliegt. Und hier am Stadtpark warten sie, ob ein neuer Dampfloktyp zur Brücke stapft, ob die Triebwagen der Rheinblitz-Gruppe am Roten Turm auftauchen, von denen zwei übern Rhein, zwei nach Süden fahren. Sie schauen nach Waggons aus fernen Ländern, nach Güterzügen mit interessanter Fracht. Als 1957 die Strecken hier elektrifiziert werden, sehen die Buben zum ersten Mal E-Lok und im gleichen Jahr die rot-gelben TEE-Züge. Heute würde man sie neudeutsch „Trainspotter" nennen, damals sind es schlicht Eisenbahnfreunde, und viele sind Mitglied im Pfiff-Club der Bundesbahn.

Zum erfundenen 2000-jährigen Stadt-Bestehen 1962 werden viele Museen, Schulen, Sport- und Freizeiteinrichtungen eingeweiht, und auch der Stadtpark wird neugestaltet. Es gibt einen Restaurant-Neubau mit Terrassencafé, und dort, wo das alte Palmenhaus gestanden hat, entstehen vier gläserne Tropenhäuser für tropische Flora und Fauna. „Da gibt es Terrarien mit Schlangen, Äffchen, Schildkröten und Echsen oder Aquarien mit Seepferdchen und leuchtenden Fischen. Gelehrige Papageien kreischen nach, was ihnen die Kinder einblenden möchten", schreibt das Buch „Das neue Mainz" 1970.
Der Stadtpark-Teich wird auf 480 Quadratmeter verdoppelt, unterhalb des Rosengartens entsteht eine Freiluftbühne für 1000 Zuschauer, während den unteren Eingang eine Blumenuhr ziert mit sechs Metern Durchmesser.

Am 23. August 1962 wird das Stadtparkrestaurant von Ernst Strahl eröffnet, und ab 1971 pachtet die Familie Barth das Haus. 1978 kaufen Eberhard und Kristina Barth das „Favorite Restaurant", um wieder nur wenige Jahre später einen Hotelbereich mit 44 Zimmern anzufügen. Um das zu finanzieren, verkaufen die Barths ihr Haus in Hechtsheim und ziehen selbst ins Hotel. Seither wächst das Parkhotel peu à peu, wird aber nicht nur größer, sondern auch besser: 2019 erhält die Familie den Titel „Hotelier des Jahres".

Ein anderes Fest ist auch unvergessen: Als die 05er 2021 sensationell nicht absteigen, feiern sie hier mit ihren Fans in Quarantäneabstand: Die Profis auf der Terrasse, die Fans unten. Mit Pyro, Bier und Maske.

Panoramablick vom Stadtpark aus Richtung Mainz mit dem Dom und der Kuppel der Christuskirche, hinter der schemenhaft der Gaskessel zu sehen ist. Das andere Foto zeigt fast vom selben Standort aus die Mainmündung und die Kostheimer Brücke.

Der Weinmarkt um 1975 als noch riesige Festzelte die Szene beherrschten.

173 Volkspark

Weinmarkt mit eigenem Flughafen

Klein, aber edel und mit großer Geschichte ist der eine, Tummelplatz und Wochenendparadies für viele, das sind die Merkmale des anderen. Stadtpark und Volkspark, das sind die ungleichen grünen Brüder in der Oberstadt. Erinnert sich Ersterer an seine stolze Vergangenheit als Lustschloss mit Wasserkaskaden und die barocke Pracht im Fackelschein, gehen dem anderen die militärischen Kommandos, aber auch das fanatische Nazi-Geschrei nach. In der Tat, der Volkspark hat unschöne und schlimme Zeiten erlebt. Wie schön, dass er heute so vielen Menschen Freude schenkt.
Als der Kurfürst im 18. Jahrhundert in der Favorite feine Feste feiert, sichert zwischen der Parkanlage und Weisenau eine kleine Schanze die Stadt von Süden her. Als Mainz 1815 Bundesfestung wird, genügt diese nicht mehr, die Militärkommission der Bundesversammlung lässt das Fort Weisenau neu errichten. Fünf Jahre bauen Hunderte Arbeiter an dem Festungsbauwerk, das 1830 eingeweiht wird und keine hundert Jahre alt wird. Denn nach dem verlorenen Ersten Weltkrieg müssen die nach der Entfestigung der Kaiserzeit noch verbliebenen Festungswerke gemäß Versailler Vertrag geschleift werden. Das der Stadt zugewandte Tor und ein Rest der Kehlmauer sind erhalten.

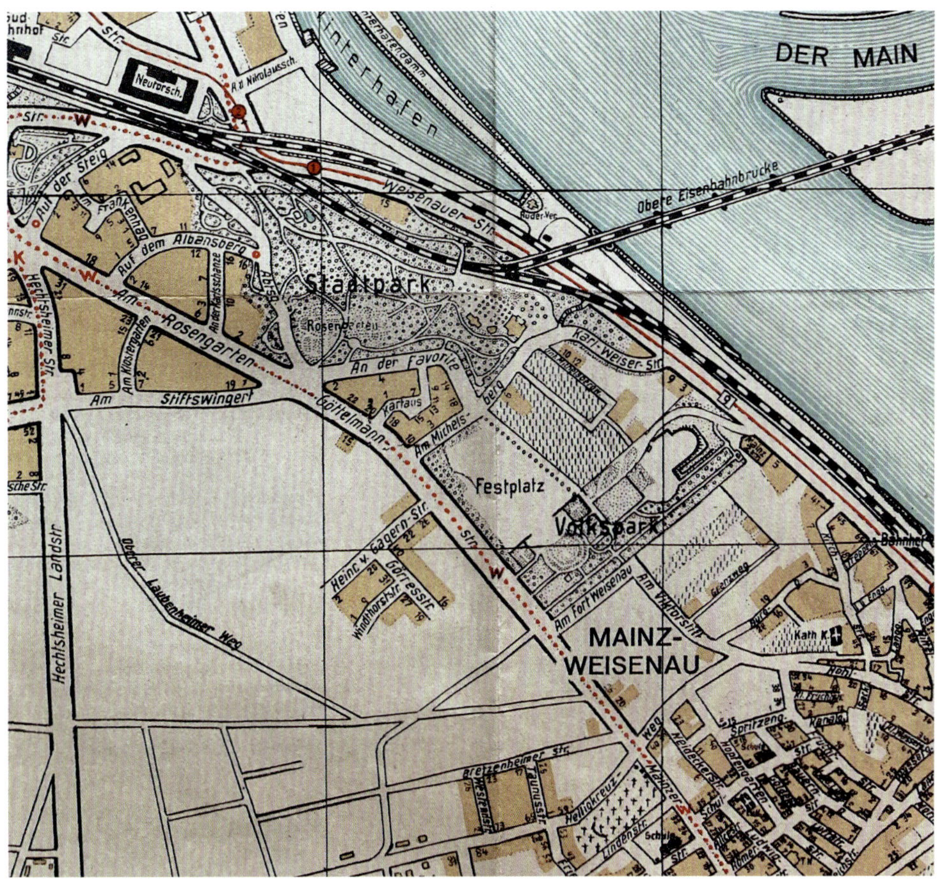

Der Plan von 1940 unten rechts zeigt im Weinberg (kurze Striche), am Michelsberg 6, die Villa Felix Ganz, die Nr. 2 von Dr. Hermann Ganz war für den Thingplatz, hier Festplatz, abgerissen worden.

Als 1933 die Nazis an die Macht kommen, haben sie bald auch Pläne für das Gelände vor dem alten Fort Weisenau: Es soll ein Thingplatz entstehen. Mehrere Hundert solcher Plätze sollten als pseudo-germanische Versammlungsstätten an allen wichtigen Orten des Reiches gebaut werden in den für die Nazis typischen megalomanischen Dimensionen. Laut den Bauplänen soll der Thingplatz 200000 Menschen fassen, davon rund 150000 in einer Art Amphitheater, auf dessen Bühne 1000 Schauspieler mit Pferden und Wagen schwülstig-monströse Historienschinken aufführen sollen.

Ein paar Aufmärsche und Veranstaltungen gibt es hier auch, aber die Thingplatz-Bewegung wird im ganzen Reich nach der Mitte der 30er Jahre wiedereingestellt. Fortan gibt es kein Geld mehr für den Bau - nur in der Bevölkerung hält sich bei den Älteren der Begriff „Thingplatz" statt Volkspark noch lange. Der Name „Volkspark" für das Gelände ist schon auf Stadtplänen ab Mitte der 30er zu sehen.

Teil des Aufmarschplatzes soll auch eine der beiden Familienvillen der Familie Ganz sein. Wahrscheinlich ist es nicht jene von Felix Ganz, Am Michelsberg 6, sondern das Haus Am Michelsberg 2 von Sohn Dr. Hermann Ganz, weiter oben der Göttelmannstraße zu. Denn im Adressbuch 1934 ist es noch aufgeführt, in der Ausgabe 1936 nicht mehr.

Die jüdische Familie gehört damals zu den bekanntesten in ganz Mainz, ihr Unternehmen handelt mit Orient-Teppichen und Textilerzeugnissen für Möbel und Wohndekor. Das Ladengeschäft ist am Schillerplatz/Ecke Ludwigsstraße, da, wo heute das Café Extrablatt ist, während das Großhandelshaus an der Ecke Bingerstraße/Saarstraße steht, dessen noch gut erhaltenes Portal vor einigen Jahren schnöde abgerissen wird für ein Studentenwohnheim. Gesichtslos. Geschichtslos.

Felix Ganz hat als 21-Jähriger 1890 die väterliche Firma Ludwig Ganz übernommen, ist ein sehr erfolgreicher Geschäftsmann, ein groß-

Familie Ganz + Felix und Peter Ganz
Die jüdische Familie Ganz 1914: Felix Ganz, Olga, Ehefrau Erna, Anne-Marie und Hermann.
Erna Ganz starb 1936, die Kinder emigrierten und Felix Ganz wurde mit seiner zweiten Frau 1944 ermordet.

Das andere Foto zeigt auf der Gartenseite der Villa Felix Ganz und seinen Enkel Peter, der später der bekannteste Germanist Großbritanniens wurde.

zügiger Mäzen und ein berühmter Sammler. Doch als die Nazis an die Macht kommen, beginnt die Verfolgung und Entrechtung der jüdischen Familie.
Das Geschäft wird enteignet, die Villa samt Einrichtung beschlagnahmt. Aber während die Kinder nach England emigrieren, wollen Felix Ganz und seine Frau Erna hierbleiben. Sie werden gezwungen, in ein kleines Zimmer in einem der sogenannten Judenhäuser umzuziehen, werden 1942 deportiert und 1944 in Auschwitz vergast.

Auf diesem Luftbild vom Ende der 50er sieht man ganz links umgeben von Bäumen die Ruine der Ganz-Villa.

Unterhalb des Minigolf-Platzes lag die Veranstaltungsfläche, auf der später Weinmarkt und Rheinland-Pfalz-Ausstellung stattfanden.

Während ein Teil der hochwertigen Wohnungseinrichtung über die damalige Versteigerung des Finanzamtes ins Landesmuseum Mainz gelangt, fehlt von der wertvollen Sammlung von Kunstgegenständen aus dem Nahen und Fernen Osten jegliche Spur - so wie übrigens auch von der Villa. Sie wird nach der Kriegszerstörung abgeräumt.
Will man heute ihren Standort wissen, dann geht man vom Stadtpark aus auf die kleine Fußgängerbrücke zum Volkspark und schaut nach rechts auf die andere Straßenseite.
Einst, das zeigt der Stadtplan von 1940 sehr deutlich, an drei Seiten von Reben umgeben, denn sie liegt im damals einzigen Weinberg der Stadt Mainz, denn die südlichen Vororte werden ja erst 1969 eingemeindet. Dieser Weinberg zieht sich hinunter bis zum Unteren Michelsbergweg und existiert, zwar nicht in dieser Größe, wohl noch bis in die 60er Jahre; dann entsteht dort unterhalb der Minigolf-Anlage die untere Terrasse des Volksparkgeländes, auf der dann Veranstaltungen stattfinden. Aber dazu später mehr.

Denn erst einmal wird der Park zwischen 1960 und 1963 mit Spielplätzen, den berühmten Wasserspielen, Rollschuhbahn und Restaurant neugestaltet. Zu jener Zeit wird auch das Hochhaus mit 105 Wohnungen und Abstellplätzen für 90 Autos gebaut, das Teil eines Hochhaus-Gürtels rund um Mainzer werden soll, von dem aber schließlich nur noch die Taubertsberg-Hochhäuser realisiert werden. Bauherr am Volkspark ist die Allianz, und hier zu wohnen gilt damals als exklusiv. Noch lange muss jeder, der einziehen will, die ausdrückliche Empfehlung eines Bewohners vorlegen.
Ebenfalls aus den 60ern stammt ein Wahrzeichen, wenn nicht sogar das Wahrzeichen des Volksparks – die Parkeisenbahn, die 1964 eingeweiht wird. Das Schienenoval ist 800 Meter lang, hat nur eine Haltestelle, aber einen Tunnel, der nachts als Lokschuppen dient. Ganze Generationen Mainzer Kinder sind mit ihr gefahren, dann deren Kinder und die Enkelkinder. Die Schmalspurbahn ist eine echte Institution.

Ein Jahr nach Inbetriebnahme der Eisenbahn findet erstmals der Weinmarkt im Volkspark statt. Denn sein angestammter Platz, der Halleplatz wird damals beim Bau der Rheingoldhalle als Lagerplatz für Baumaterial gebraucht und später mit dem Rathaus und Rathaus-Tiefgarage bebaut. 1965 zieht die Veranstaltung also hierher, und zwar überwiegend auf die terras-

Der Wasserspielplatz von 1962 und das zwei Jahre später errichtete Wohnhochhaus der Allianz.

senartige Ausstellungsfläche, die bis zum Fort Weisenau reicht, aber auch auf das Gelände rund um die Minigolf-Anlage.

Die Parkeisenbahn mit ihrem 800-Meter-Rundkurs wurde 1964 eingeweiht.

Große Festzelte mit Tausenden von Plätzen gehören dazu und natürlich vielfältige Rummelplatzvergnügen - es ist mehr ein Jahrmarkt denn ein Weinmarkt. 1966 kommen 140000 Besucher an sechs Festtagen, und ein Jahr später gibt es sogar einen Weinmarkt-Flughafen, von dem aus ein fünfsitziger Hubschrauber drei Tage lang zu Rundflügen startet. Damals wird begeistert darüber berichtet, aber man stelle sich einfach mal den Aufschrei und die kollektive Panik vor, wenn heute jemand auf solch eine Idee käme.

1984 wurde der Stadtpark noch zum Festgelände hinzugenommen, und seit 2008 findet der Weinmarkt nur noch dort statt. Das Ereignis konzentriert sich seither auf seine Wurzeln als Fest für Weingenießer. Und noch eine weitere Großveranstaltung findet auf der Terrasse am Rande des Volksparks statt: die Rheinland-Pfalz-Ausstellung. Seit den 70ern läuft hier die größte Verbrauchermesse in weitem Umkreis. Themen sind Haus und Garten, Haushalt und Wohnen, Handwerk und Unterhaltung. In den Haushaltszelten riecht es immer nach Fertigsuppen, die dort an die Hausfrau gebracht werden, während es richtig gruselig

Die Rheinland-Pfalz-Ausstellung in den 80er-Jahren.

Seit vielen Jahren ist der Volkspark ein beliebtes Konzert-Gelände, hier spielt 2018 Santana.

bei den Nachmittagsshows in der Stadtwerkehalle zugeht, bei denen teils abgehalfterte Altschlagerstars auftreten.

Zehntausende strömten jedes Jahr im April hierher, wobei sich bei Regenwetter der teils nur geschotterte Platz in eine Pfützenlandschaft und die Volksparkwiesen in puren Matsch verwandeln. Einige Jahre hat die AZ-Lokalredaktion während der Messetage eine Dependance im Zelt von RPR 1 und der deutschen Barkeeper-Union. Eine wunderbare Kombination. 2005 zieht die Rheinland-Pfalz-Ausstellung schließlich aufs besser geeignete Messe-Gelände nach Hechtsheim. Und die Terrasse gehört nun wieder der Natur. Nur eben ohne Weinreben.

Veranstaltungen, sogar Großveranstaltungen gibt es auch heute noch, denn der Volkspark, genauer: das Gelände des ehemaligen Fort Weisenau ist ein idyllischer und entsprechend beliebter Schauplatz großer Konzerte: Beginnend mit dem Mainzer Zeltfestival, mauserte sich der Ort zum Schauplatz großer Open Air-Konzerte mit Santana, Sting, Runrig, Bob Dylan, John Fogerty und anderen mehr. 2022 kommen Sarah Connor, Deep Purple, Seeed und einmal mehr Sting hierher.

Schnellzugdampflok 01 215 im Winter 1956/57 auf dem Weg zur Südbrücke. Die Masten für die Elektrifizierung der Rheinstrecke stehen schon, aber die Fahrleitung fehlt noch. Rechts von der Lok der Rote Turm, der zum festungsartigen Gaswerk gehört.

174 Weisenauer Straße

Eine Gasanstalt als Festung

Wer von Mainz aus per Auto nach Worms fährt, der nimmt die Autobahn oder die B 9. Bei Letzterer geht es aus Mainz raus via Weisenauer und Wormser Straße, dann aufs vierspurige Stück bis Nackenheim und so weiter. Es ist aber nicht der historische Weg, denn die Provinzialstraße Mainz-Worms nimmt mit ihrem Bau 1820 einen anderen Weg. Zwar fährt man auch zum Neutor hinaus, dann geht es aber bald die steile Steig und die Hechtsheimer Straße hinauf und über die Rheinhessenstraße gen Süden. Erst mit dem Bau der Eisenbahn wird auch die parallellaufende Chaussee ausgebaut. Die neuen Verkehrswege schneiden aber den Stadtpark vom Rhein ab.

Nach der Einweihung der Eisenbahn und dem Ausbau der Straße greift der Fortschritt aber noch mehr Raum, wird hier doch 1855 das erste Mainzer Gaswerk eröffnet, dessen Gebäude weitgehend erhalten sind. Es liegt stadtauswärts nach dem Abzweig der Salvatorstraße gleich rechts, aber bei vielen hat sich nach seiner späteren Funktion der Ausdruck „altes Rohrlager" eingebürgert. Dass hier einst dafür gesorgt wird, dass den Mainzern mehr als nur ein Licht aufgeht, ist etwas in Vergessenheit geraten.

Das Gaswerk wurde 1855 gebaut und stand von 1885 bis zur Schließung 1914 unter städtischer Regie.

Rund zehn Jahre vorher gibt es schon zwei kleinere private Gasproduzenten in der Mitternachtsgasse und in der Goldenbrunnengasse. Es sind „Gas-Portativ-Anstalten", die das Gas in „lampionähnlichen Lederbälgen auf Pferdewagen zum Verbraucher bringen", schreibt ein Heimatbuch der 1920er-Jahre. Dort werden sie dann in den Gasbehälter im Keller gedrückt, von wo aus das Gas „durch Leitungen den einzelnen Brennern zugeführt werden". So werden in jener Zeit das preußische Kasino im Schönborner Hof, die neue Synagoge, das Gymnasium und das Café Mayence mit Gas beleuchtet.

Der Trans Europ Express „Rheinpfeil" Anfang der 1970er-Jahre noch mit dem legendären Aussichtswagen in der Zugmitte.

1853 erhält schließlich eine badische Gesellschaft die Lizenz für die Gasbeleuchtung der Stadt Mainz. Die Gestalt des Gebäudekomplexes lässt heute manchen glauben, es handele sich um einen Bau der alten Festung, und damit liegt man noch nicht einmal ganz falsch. Denn zwar liegt das Gaswerk außerhalb der Wälle, aber eben noch im Festungsrayon, weshalb die Bauherren insbesondere die Südostseite militärisch sichern müssen. Mit meterdicken Mauern, Schießscharten und zwei massiven Geschütz- und Bunkertürmen. An der Bahn liegt der gedrungene Rote Turm, zur Straße ein quadratischer Wehrbau.

Das sieht wahrlich nicht nach Gasanstalt aus, die im Übrigen 1885 in städtisches Eigentum übergeht. 1899 wird dann das große Gaswerk auf der Ingelheimer Aue gebaut, bevor 1914 die Produktion an der Weisenauer Straße eingestellt wird. Heute finden sich dort eine Brauerei, das Fanprojekt, und eine Zeit lang ist hier auch das KUZ daheim.
Fürs Gaswerk wird wie schon beim Bahnbau dem Stadtpark ein Stück abgeknapst, 1862 auch beim Bau der Südbrücke. Nur noch ein kleiner Rasenhang reicht hinunter zur Weisenauer Straße und zeigt die alte Dimension des Parks.
Die Straße unterquert erst die Gleise zur Südbrücke, dann das Gleis Richtung Süden, das auf mächtigen, weit ausladenden Stahlpfeilern ruht. Bald darauf mündet die Karl-Weiser-Straße von der Favorite kommend ein, die nach dem Gründer der Mainzer Feuerwehr benannt ist, der 1865 mit 54 Jahren bei einem Brandeinsatz in der Gaustraße stirbt.

Anfang 1945 beginnen am rückwärtigen Hang an der Einmündung der Weiser-Straße Erdarbeiten, Vorzeichen des nahenden Untergangs. Zwar stehen die Amerikaner noch in der nördlichen Eifel, aber der Chef der Mainzer Schutzpolizei, Major Fritz Gierhake, weiß, dass es nur noch um Wochen geht und lässt sich hier einen unterirdischen Befehlsstand in den Hang graben. Ein Häftlingstrupp aus dem Lager im Weisenauer Steinbruch, einer Außenstelle des SS-Sonderlagers Hinzert im Hunsrück, müssen den Stollen in den Berg treiben, im März noch erweitern.
Rund 40 Jahre nach den Ereignissen kommt ein ehemaliger politischer Häftling zurück. Er trifft sich mit dem Mainzer Autor Heinz Leiwig, der über Jahrzehnte in zahlreichen Büchern die hiesige NS-Zeit mit ihren Verbrechen und der Zerstörung der Stadt aufgearbeitet hat. Er zeigt ihm den noch sichtbaren Eingang zum Stollen am Fuß der Straße und die erbärmliche Unterbringung der Häftlinge im alten Gaswerk. Polizeimajor Gierhake ist wie alle mächtigen

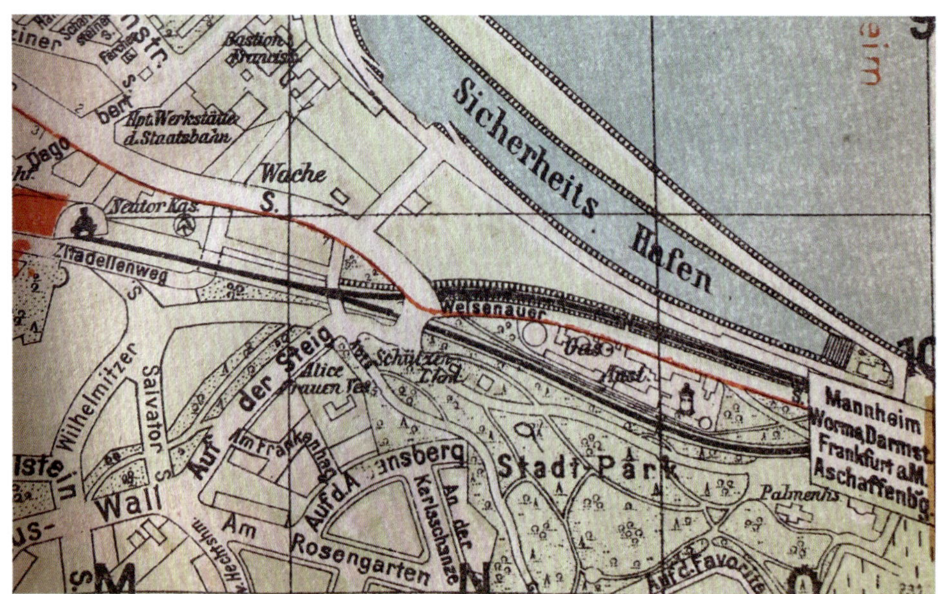

Stadtplan um 1920 noch mit der städtischen Gas-Anstalt.

Die Linie 1 anderthalb Jahre vor der Stilllegung der Strecke. Das Bild ist nicht datiert, aber die Plakate an den Pfeilern geben einen Hinweis - auf ihnen wirbt der DGB für den 1. Mai 1962.

Nazis ein Feigling. Ein Angehöriger der von ihm im März 1945 aufgestellten Polizeikompanie erinnert sich 1947 im „Neuen Mainzer Anzeiger", wie Gierhake verkündet: „Wer sich feige zeigt, wird erschossen. Ich habe dem Kommandanten versichert, dass ich das Versprechen halte." In der Tat sind der Chef der Schutzpolizei und Polizeipräsident Oberstleutnant Max Reichardt an Aburteilung und Ermordung dreier Hechtsheimer beteiligt, weil diese

Die Klosterkaserne um 1900, im Vordergrund das Gleis der Pferdebahn.

Es ging damals eng zu auf der Straße.

angeblich eine weiße Flagge gehisst haben sollen. Nur um sich nach der feigen Bluttat selbst aus dem Staub zu machen.
Nachdem sie vor ihrem Bunker an der Karl-Weiser-Straße noch belastende Akten verbrennen lassen, fliehen Gierhake und Reichardt in einem Ruderboot über den Rhein. Bei Bayreuth ergeben sich diese „Helden" den Amerikanern und sollen als weiße Fahne, so steht es in einer Akte des Mainzer Schwurgerichts, einen Teil jenes Betttuches geschwenkt haben, dessen Hissen die drei Hechtsheimer das Leben gekostet hat.

Unweit der Karl-Weiser-Straße liegt einst auf der rechten Seite die Kloster-Kaserne. Ein mächtiger Bau mit Schießscharten an der Front gen Süden, der einerseits der Straße Deckung geben soll, in dem andererseits die Besatzung des darüberliegenden Fort Weisenau untergebracht ist. 1914 liegt hier die 7. und 8. Batterie des Thüringischen Fuß-Artillerie-Regiments 18, das ansonsten in der Neutor-Kaserne sein Quartier hat.
Den Namen hat die Kaserne vom 1493 erbauten und einst hier liegenden Kloster der Reuerinnen. An dieser Stelle findet am 21. Oktober 1792 die Übergabe der Stadt Mainz an den französischen Revolutionsgeneral Custine statt, und ein Jahr später wird das Kloster bei der Belagerung von Mainz teils zerstört. Einen Teil der Baulichkeiten integriert man in die 1837 errichtete Kaserne, die aber keine 100 Jahre alt und 1931 niedergelegt wird.

Auf der im Beitrag abgebildeten Ansichtskarte der Klosterkaserne sieht man das Gleis der Straßenbahn, damals noch Pferdebahn. Eröffnet 1883, führt die Strecke vom Bahnhof Gartenfeld der Ludwigsbahn in Höhe der heutigen Stadtwerke via Boulevard (heute Kaiserstraße), Neubrunnenstraße, Große Bleiche, Münsterplatz, Höfchen und Augustinerstraße bis vors damals noch existierende Neutor, wo der Festungsgraben auf einer Klappbrücke überquert wird.
Sieben Monate später wird die Strecke weitergeführt bis zur Gemarkungsgrenze an der Klosterkaserne. Weil aber die Eisenbahn damals in Mainz noch am Rhein entlangführt und der Centralbahnhof am Holztor liegt, kreuzt die Pferdebahn die Eisenbahn auf gleichem Niveau, weshalb es immer wieder durch die Schranken zu Verspätungen kommt. Erst als im Oktober 1884 die Eisenbahn auf die heutige Trasse und damit höher gelegt wird, kann die Pferdebahn kreuzungsfrei fahren.

Aber noch immer endet die Strecke an der Südbrücke, haben die Weisenauer keine Strecke bis in ihren Ort. Erst als die Gemeinde

Die Straßenbahnendstelle am alten Weisenauer Bahnhof bei Hochwasser.

Straßenbahnfahrplan von 1954: Rund eine halbe Stunde brauchte die 1 von der Ingelheimer Aue nach Weisenau, darunter noch eine andere lange vergessene Linie: Die 2 von Kostheim zur Uni.

Straßenbahn (Ohne Gewähr)

Straßenbahnlinie 1		Wochentags				Sonntags			
		Erste Wagen		Letzte Wagen		Erste Wagen		Letzte Wagen	
Ingelheimer Aue	ob	. .	. .	. .	23.40	. .	6.21	. .	23.40
Straßenbahnamt		4.44	5.14	22.35	23.48	5.59	6.29	22.35	23.48
Bismarckplatz		4.46	5.16	22.37	. .	6.01	6.31	22.37	. .
Hauptbahnhof		4.54	5.24	22.45	. .	6.09	6.39	22.45	. .
Höfchen		5.00	5.30	22.51	. .	6.15	6.45	22.51	. .
Weisenau	an	5.11	5.41	23.02	. .	6.26	6.56	23.02	. .
Weisenau	ab	5.17	5.47	22.35	23.05	6.32	7.02	22.35	23.05
Höfchen		5.28	5.58	22.46	23.16	6.43	7.13	22.46	23.16
Hauptbahnhof		5.34	6.04	22.52	23.22	6.49	7.19	22.52	23.22
Kaisertor		5.39	6.09	22.57	23.27	6.54	7.24	22.57	23.27
Straßenbahnamt		5.44	6.14	23.02	23.32	6.59	7.29	23.02	23.32
Ingelheimer Aue	an	5.52	6.22	. .	23.40	7.07	7.37	. .	23.40
Straßenbahnlinie 2									
Universität	ab	. .	5.51	21.49	22.19	. .	6.32	21.49	22.19
Hauptbahnhof		5.18	5.56	21.54	22.24	6.15	6.37	21.54	22.24
Höfchen		5.24	6.02	22.00	22.30	6.21	6.43	22.00	22.30
Brückenkopf Mainz		5.28	6.06	22.04	22.34	6.25	6.47	22.04	22.34
Kastel Bahnhof		5.33	6.11	22.09	. .	6.30	6.52	22.09	. .
Kostheim	an	5.39	6.17	22.15	. .	. .	. .	22.15	. .
Kostheim	ab	5.40	6.00	21.47	22.17	. .	. .	21.47	22.17
Kastel Bahnhof		5.46	6.06	21.53	22.23	. .	6.35	21.53	22.23
Brückenkopf Mainz		5.51	6.11	21.58	22.28	. .	6.40	21.58	22.28
Höfchen		5.55	6.15	22.02	22.32	. .	6.45	22.02	22.32
Hauptbahnhof		6.01	6.21	22.08	22.38	6.22	6.50	22.08	22.38
Universität	an	6.06	6.26	22.13	. .	6.27	6.55	22.13	. .

10 000 Mark Zuschuss gewähren, erbaut das Betreiberkonsortium die Strecke. Außerdem sichert man zu, dass im Schnitt drei Wagen je Stunde fahren und für den neuen, 660 Meter langen Abschnitt maximal 5 Pfennig berechnet werden. Zu Ostern 1891 hält die erste Pferdebahn an ihrem neuen Endpunkt in der Rheinstraße, Höhe Sterngasse. Nun können die Weisenauer für die nächsten 72 Jahre bequem mit der Straßenbahn in die Stadt fahren.

Welche ein Kontrast: Vor den Kriegsruinen im Christofsgässchen steht nagelneuen Opel Rekord P2 von 1962.

175 Automobiler Stadtspaziergang

Vom kurzlebigen Autowahn

Als nach Mitte der 30er-Jahre die Motorisierung auch in Mainz verstärkt einsetzt, da kreieren die Narren einen Motivwagen zum Schicksal der Fußgänger in der Zukunft. Man sieht einen ebensolchen ausgestellt in einer Vitrine, dazu die Aufschrift „Ein Fußgänger - Museumsstück anno 2000". In der Tat ist in späteren Jahrzehnten jeder, der per pedes in der Stadt unterwegs ist, mannigfaltig bedroht, aber so richtig weg ist der Fußgänger nie – er muss halt nur schnell rennen können.
Das sind jene Zeiten, da die Fortbewegung auf vier Rädern als höchste Daseinsform erscheint. Die Blechlawinen gelten in den 50ern und 60ern als sichtbarer Fortschritt, die Auspuffwolken als Odem des Wohlstands. Was braucht man da Fußgänger? In Mainz gilt dies anderthalb Dekaden, ist der Kraftwagen das Maß aller Dinge. Aber früher als in anderen Städten beginnt das Umdenken. Aus Straßen werden Fußgängerstraßen, dann Fußgängerzonen, und schließlich entsteht die fußgängerfreundliche Innenstadt, die von Großer Bleiche bis Graben durchquert werden kann, ohne einmal den Individualverkehr kreuzen zu müssen.

Der Bahnhofplatz ist Mitte der 60er erst teilweise vom Individualverkehr befreit.

Zwischen Wirtschaftswunder und dem Wunder des Mauerfalls liegen die goldenen Jahre des Autos, die allerdings in mancherlei Hinsicht tief verdunkelt sind. Schon ein Zufallsblick in die AZ von Juni 1953 zeigt trotz noch geringer Zulassungszahlen ein fast tägliches Massaker auf den Straßen von Mainz und Umgebung: Verletzte, Schwerverletzte, Tote. So liegt die Zahl der Verkehrstoten in Mainz ein Vielfaches höher als heute, allein 1968 sind es 29 – und das im noch kleineren Stadtgebiet ohne Eingemeindungen.

Auch das Gesicht der Stadt leidet: Historische Bauten müssen Parkhäusern weichen oder der Anlage von regelrechten Rollbahnen wie der Altstadttangente. Und „Parken in Mainz" ist nicht das geordnete Abstellen in Tiefgaragen, sondern die pure Anarchie. Jeder stellt seine Karre ab, wo's grad passt.

Geparkt wird, wo Platz ist, hier im Dezember 1978 am Kirschgarten.

Stolz posiert Familie Dreher neben den neuen Autos – erst neben einem Ford Taunus P3 „Badewanne", dann mit dem Nachfolgemodell P5.

Aber die Autos jener Epoche sind großartig! Man muss nur die Buben aus jener Zeit fragen, die Generation Autoquartett. Die Schaufenster der Autohändler sind Pilgerstätten. Wenn etwa bei Opel Reichert an der Saarstraße der neue Admiral steht, ist das schon ein Anlass vorbeizuschauen, oder 1968 der neue GT! Das ist die Baby-Corvette mit den drehbaren Schlafaugen, die keinen Kofferraum hat, dafür aber einen der berühmtesten deutschen Werbeslogans – „Nur fliegen ist schöner".
Ford Heinz präsentiert am Bismarckplatz all die 17m oder 23m, die Taunus, Consul und Granadas. Und so wie der Opel GT die Rüsselsheimer Autobauer entstauben soll, bietet Ford den Capri, bevor bis Mitte der 70er VW Kraft an der Binger Straße, Hess in der Rheinallee oder Karl & Co. an der Alten Mainzer Straße neue Autogenerationen zeigen, die bis heute im Geschäft sind - Golf und Passat, 3er, 5er und 7er.

Zwischenzeitlich verschwinden allerlei Marken: NSU und Auto Union, die es im Autohaus Becker in der Binger Straße 25 gibt, Glas bei Schwoll in der Fuststraße oder Hanomag-Henschel-Laster von Auto-Klinger, Rheinallee 186.

Allein die Marken und Typen sind eine Geschichte für sich, lösen sie doch viele Erinnerungen aus. Welches ist das erste Familienauto, was fährt man mit dem nagelneuen Führerschein, mit welchen Wagen geht's damals in Urlaub und wohin, was ist der Abräumer im Autoquartett ... es gäbe unendlich viel zu erzählen. Das machen wir auch irgendwann mal (die Mithilfe aus der Leserschaft vorausgesetzt), aber damals hätte sich um ein Haar das Auto die Stadt Untertan gemacht - und somit wohl auch zerstört.

Ab Anfang der 60er heißt das Stichwort autogerechte Stadt. Dazu gehören Drive-in-Bankschalter wie am Kronberger Hof oder an der Landesbank, verbreiterte Straßen für besseren Durchfluss und mehr Parkplätze, dann Parkhäuser und nochmals Parkhäuser. Aber mehr und mehr leidet die Stadt unter automobiler Überfüllung, auch wegen des Durchgangsverkehrs Richtung Hessen. Denn die Straßenbrücke ist die einzige zwischen Worms und Koblenz.

Entspannung bahnt sich an, als im Dezember 1962 an einem Tag erst die Schiersteiner, dann

Das Überführungsbauwerk am Binger Schlag, das in ein riesiges System an Auf- und Abfahrten münden und dann rechts mit einem vierspurigen Tunnel durch die Wallanlagen weitergeführt werden sollte.

Ende 1962 wurde die Weisenauer Brücke noch als Bundesstraßenbrücke mit Rad- und Mopedspur eingeweiht.

die Weisenauer Brücke eröffnet werden. Zunächst nur als Bundesstraßenbrücken, doch zur Entlastung der Stadt verfällt man auf die Idee, drei Ringe um Mainz zu legen, die den Verkehr in unterschiedlichen Entfernungen um Mainz oder die City herumführen sollen. Außen der Mainzer Ring, also heutige A 643/A 60, dann die Innenstadt- und schließlich die Altstadttangente.

Doch die Entlastung der City wäre für andere Stadtteile eine Katastrophe geworden, und so bleibt es schließlich bei Teilstücken.

Bevor das Brandzentrum gebaut wurde, fand sich dort ein großer Parkplatz. Links Markthäuser, hinten Quintinsstraße.

Von der Innenstadttangente, die Schiersteiner- und Weisenauer Brücke verbinden soll, entsteht der vierspurige Teil der Rheinallee, die heutzutage baufällige Hochstraße zur Mombacher Straße, die Überquerung des Binger Schlags - doch dann hat alles ein Ende. Die Fortführung mit Tunnel unterm Park am Römerwall und einer Schnellstraße den Eisgrubweg hinunter, fällt erst der Wirtschaftskrise Anfang der 70er, dann dem Umdenken zum Opfer.

Ebenso wird die Altstadttangente nur abgespeckt gebaut. Nötig ist sie, denn wenn man die Augustinerstraße den Fußgängern zurückgeben will, braucht der Verkehr einen anderen Weg. Aber die Pläne von 1964 sind irrsin-

Dieser Abschnitt der Schusterstraße war zu Beginn der 60er die erste Mainzer Fußgängerzone.

nig: Die Altstadtumgehung soll autobahnartig ausgebaut werden und kurz vor der heutigen Polizeiinspektion leicht nach links schwenken, um über Weihergarten, Rochus- und Schönbornstraße hinweg die Holzhofstraße zu erreichen. Die gut erhaltene historische Bebauung wäre komplett der Abrissbirne zum Opfer gefallen.
Vollends grotesk die Dimension des Kreuzungsbauwerks, mit dem die Innenstadttangente vom Eisgrubweg kommend in die Altstadttangente einfädeln soll. Es hat die Größe eines Autobahnkreuzes und reicht bis zur Dagobertstraße. Die Schnellstraße soll zum Rhein führen und auf Stelzen vor Weisenau am Ufer entlang ... Doch soweit kommt´s nicht.

Der Autowahn endet Anfang der 70er, doch schon vorher erhalten langsam, sehr langsam die Fußgänger verlorenen Raum in der Stadt zurück. Die ersten zaghaften Versuche gibt es 1964, als die Schusterstraße zwischen Quintinsstraße und Markt gesperrt wird. Es folgen die Seppel-Glückert-Passage, 1967 Stadthausstraße und Sonnengässchen, 1968 die Lotharstraße - aber das alles sind kurze Abschnitte. Bis die Stadt ab 1973 die einzelnen Inseln zu einer Fußgängerzone zusammenwachsen lässt. Abschnitt für Abschnitt folgen: Kolping- und Emmeransstraße, Steingasse im Sommer ´73, kurz darauf Betzelstraße.

Natürlich sind die Geschäftsleute skeptisch. Sie fürchten, die Kunden könnten es übelnehmen, wenn sie nicht mehr direkt vor die Geschäfte fahren könnten. Aber das Gegenteil ist der Fall, denn jeder Autofahrer wird nach dem Aussteigen zum Fußgänger und als solcher genießt auch er das entspannte Flanieren. Und damals haben Autofahrer auch noch nicht das Gefühl unerwünscht zu sein.
Nun fällt eine automobile Bastion nach der anderen. Aber nicht mehr nur Einkaufsstraßen wie die Achse Steingasse-Stadthausstraße-Brand. Nun geht es auch um „funktionale Ausweitung", das heißt um Orte für Kultur, Tourismus und Treffpunkte. So werden die Domplätze anlässlich der 1000-Jahr-Feier des Doms 1975 zur Fußgängerzone und damit nicht genug: Ballplatz, Bischofsplatz, Karmeliterplatz werden auch autofrei, und die Neugestaltung des Schillerplatzes steht auch an. Bis dahin rollen Autos und Straßenbahnen auf beiden Platzseiten, dann nur noch westlich.

Die Stadthausstraße ist hier schon Fußgängerzone, die querende Emmeransstraße mit dem DKW F 11 noch nicht.

Augustiner 1 + Augustiner 2: Bis 1978 durfte die Augustinerstraße noch komplett befahren werden, dann wurde sie peu a peu zur Fußgängerzone umgebaut, für die rechts schon die Pflasterelemente bereitliegen.

Nachdem in den 80ern auch die Lu für den motorisierten Individualverkehr gesperrt wird, hat Mainz eine riesige Fußgängerzone, die, gemessen an der Fläche der City, zu den größten in Deutschland gehört. So hat die Entwicklung in den drei Jahrzehnten bis zur Zeitenwende 1989 nach anfänglichen Irrungen in Richtung der autogerechten Stadt im wahrsten Sinne des Wortes die Kurve bekommen.

Hoher Besuch an der Uni: Bundespräsident Lübke mit seinem Mercedes 300 mit Präsidentenstander und dem Autokennzeichen 0 – 1.

Kurios an dem beschriebenen Zeitraum, dass sowohl am Anfang wie auch am Ende kleine Autos süßlich-blaue Wölkchen in die Luft hüsteln. Sind es 1960 die vielen Zweitakt-Kleinwagen des Wirtschaftswunders, hecheln 30 Jahre später deren Stiefbrüder aus dem Osten durch Mainz. Da hatte mancher Jahrzehnte mit bangem Blick gen Osten kettenklirrende Panzer-Rudel befürchtet, aber dann fallen stattdessen in jenen Novembertagen 1989 schwindsüchtig röchelnde Trabi-Geschwader ein.
Für die Besitzer der Rennpappen ist es nicht nur das herrliche Gefühl, endlich hinfahren zu können, wohin sie wollen - sie haben hier auch endlich einmal schlaglochfreie Straßen unter den schmalen Reifen. 30 Jahre später müssen schlaglochgequälte Mainzer Autofahrer genau dafür in den Osten fahren.

Die Straßenbahn ist noch eingleisig. Links ein Ford Transit.

Die erste „vollautomatische Auto-Schnellwaschmaschine", so schrieb es die AZ, wurde im April 1964 eröffnet, im Hintergrund sieht man die Uni.

Das noch intakte Weisenau in den 1930er-Jahren.

176 Weisenau I

Vom Dorf zum Industrievorort

Ältere Ansichtskarten von Weisenau tragen oft noch den Zusatz „am Rhein". Das ist vor 1930, jenem Jahr, in dem die Landgemeinde nach Mainz eingemeindet wird und fortan unter Mainz-Weisenau firmiert. Das mit dem „am Rhein" stimmt sowieso schon recht lange nur noch bedingt, denn seit den frühen 1850er Jahren ist der Ort, in dem viele Schiffer und Fischer leben, durch die auf einem Damm verlaufende Bahnlinie vom Strom getrennt. Und fast wäre es noch katastrophal schlimmer gekommen, aber das erst viel später und dazu auch erst in der nächsten Folge mehr.

Industrievorort ist so ein Etikett, das in der Vergangenheit immer mal Verwendung findet, wenn jemand in aller Kürze Weisenau beschreiben will. Und wenn man von der Weisenauer Brücke kommt oder mit der Bahn von Süden her, dann bilden die riesigen Anlagen der Portland ja auch seit 150 Jahren das entsprechende Entree. Aber trotzdem, trotz der Brauereien, die es ebenfalls einst gibt, und auch, wenn ab 1965 die IBM ein großes Werk in die Landschaft stellt, ist die Etikettierung zu kurz gegriffen. Selbst wenn Weisenauer Postkarten früher auch Industriemotive zeigen.

Industrie, auch Straßenbahnen und Eisenbahnen, gelten gerade in der Kaiserzeit als Zeichen von Modernität, zumindest in aufstrebenden Städten und Landgemeinden. In Orten, in denen Tourismus eine Rolle spielt, bei einer Stadt, die mit ihrer Schönheit glänzen will, da greift auf Ansichtskarten der Retuscheur ein. Beispiel Rüdesheim am Rhein: Dort gibt es zur Dampflokzeit praktisch keine Ansichtskarte, auf der

Karte von 1905. Heute sind all die Felder bebaut.

ein Zug die Rheinfront mit der Touristenmeile entlangqualmt. Und die Panoramaansichten der Mainzer Rheinfront zeigen praktisch nie die mächtigen Rauchwolken der Rheindampfer, der Räderboote und Schlepper oder die dunklen Fahnen der Aktienbier-Schornsteine über der Stadt.

Weisenau zeigt dagegen gern, was man hat, wobei es ein Luftbild aus den 30ern gibt, auf dem die Bahnstrecke dergestalt wegretuschiert ist, dass man am Rhein nur noch einen hellen Streifen sieht – so, als wäre das Gestade zum Rhein ein Sandstrand. Wahrscheinlich hat das Reichsluftfahrtministerium in Berlin diese Kor-

Die Lithographie-Ansichtskarte um 1900 zeigt, was dem Ort wichtig ist: Panoramaansicht, die beiden Schulen, Postgebäude und Katholisches Pfarrhaus.

rektur angeordnet, um der feindlichen Aufklärung nicht die Bahnstrecke als lohnendes Ziel zu zeigen. Aber genutzt hat es ohnedies nichts. Weisenau wird im Krieg bombardiert und vernichtet wie kein anderer Mainzer Stadtteil.

Luftbilder sind überhaupt sehr aufschlussreich, weil sie über die Straßenstruktur die Entwicklung des Ortes aufzeigen. Da ist das Unterdorf am Rhein mit seinen unregelmäßigen, in Windungen verlaufenden Straßen und Gassen, die in schiefen Winkeln aufeinandertreffen, dann das regelmäßig angelegte Oberdorf jenseits der Portlandstraße, das aber erst ab 1903 Gestalt annimmt.
Bis zu dieser Erweiterung findet sich auf dem Plateau die Landwirtschaft, am Abhang der Weinbau, während sich der Ort selbst zum Rhein hin orientiert. Übrigens als einziger der heutigen Mainzer Stadtteile. Am und mit dem Rhein wird Geld verdient, Weisenau hat Fischer und Schiffer, und dennoch ist der Rhein gefürchtet. Seine Überschwemmungen, der Eisgang. Auch als sich die Bahn auf einem Damm vor den Ort legt, läuft Weisenau immer wieder voll, denn das Wasser kommt durch die Unterführungen unter der Eisenbahn hindurch. Die werden erst Ende des 20. Jahrhunderts verschlossen, nachdem schon lange keine Schiffe mehr vor Weisenau festmachen, deren Besatzungen die Durchlässe nutzen, um in den Ort zu kommen.

Interessant ist die Bevölkerungsentwicklung, die 1800 mit rund 700 Einwohnern den Tiefstand erreicht und 1910 schon bei 6500 liegt. Damit ist Weisenau die bevölkerungsreichste Landgemeinde, selbst Gonsenheim hat damals, wenn auch nur geringfügig, weniger Einwohner.
Allerdings hat Weisenau nur knapp ein Drittel der Gonsenheimer Fläche, ist nach Drais und Marienborn die drittkleinste jener Landgemeinden, die heute zu Mainz gehören.
Natürlich ist das Bevölkerungswachstum der Backstein- und der Zementfabrik geschuldet, aber auch der 1865 gegründeten Rheinischen Brauerei. Es gibt noch die Brauerei „Zum Schwarzen Bären", die von der Holzstraße hierherzieht, dann kommen noch Sekt- und Weinkellereien hinzu, Sauerkraut- und obstverarbeitende Firmen und eine Kaffeerösterei. Die Landwirtschaft wird mehr und mehr zurückgedrängt, die Hochfläche auf dem Plateau mehr und mehr besiedelt, ab 1902 geordnet durch einen Bebauungsplan.

„Gruss aus Weisenau aus Rhein" mit Ortspanorama und links oben eine Vignette mit der Rheinischen Brauerei, verschickt 1902.

Wenn ein Ort keine einzelne, herausragende Sehenswürdigkeit hat, druckt man gerne Mehrbildkarten, hier mit Markt, Schule, Ehrenmal.

Die wachsende Bevölkerung ist zwar ganz überwiegend den hiesigen Arbeitsstätten geschuldet, aber nicht nur: Am Rhein liegt ein kleines Schiff namens „Lohengrin" (andere Quelle auch „Luise"), das über Jahrzehnte Arbeiter über den Strom nach Gustavsburg bringt. Dort ist die MAN der größte Arbeitgeber.
Das Dorf wächst vor allem nach den 1870ern Jahrzehnt um Jahrzehnt bis zum Ersten Weltkrieg zu einer echten Vorstadt heran, mit allem, was dazu gehört: Kirchen beider Konfessionen, eine Synagoge, eigenem Gaswerk, freiwilliger Feuerwehr, Wasseranschluss für alle Häuser, Bahnhof, Straßenbahn, Armenhaus, zwei Ärzten, einer schwimmenden Badeanstalt und Schulen, die 1903 knapp über tausend Kinder zählen. Zwei Jahre später wird die Schillerschule im Oberdorf eingeweiht.

Die „Schöne Aussicht" war auch bei vielen Mainzern beliebt und dank Straßenbahn gut zu erreichen.

Diese Mehrbildkarte stammt vermutlich vom Ende der 1930er-Jahre.

Weisenau nach den Bombenangriffen, aber das genaue Aufnahmedatum ist unbekannt. Auf den nicht bebauten Flächen sieht man sehr gut die vielen Bombenkrater, rechts oben der Steinbruch und das Zementwerk.

Als nach 1900 das von den Festungsfesseln befreite Mainz wächst, wachsen will und auch wachsen muss, tritt die Stadt in Verhandlungen mit den Umlandgemeinden. Erst kommen Kastel, Kostheim und Amöneburg hinzu, dann Mombach, bevor der verlorene Erste Weltkrieg und die Besatzungszeit die weitere Entwicklung bremsen. Dafür kommt es am 1. Januar 1930 praktisch zur Verdopplung des Mainzer Gebiets. Bretzenheim, Bischofsheim und Ginsheim-Gustavsburg kommen dazu - und Weisenau, das Industrie und Entwicklungsfläche bietet.

In den 20ern beginnt der Siedlungsbau zunächst an der Westendstraße, dann wird ab 1933 die Großberg-Siedlung errichtet und ab 1939 die Dr. Kirchhof-Siedlung. Für diese wird im Jahr 2021 die Aufstellung eines Bebauungsplans beschlossen, auch um den Gebietscharakter dort zu erhalten.

Doch als 1941 die letzten Siedlungshäuser fertiggestellt sind, herrscht Krieg.

Noch befindet sich die Wehrmacht auf dem Vormarsch, doch bald schon schlägt das Pendel zurück und trifft auch Mainz. 1942 die ersten schweren Angriffe auf die Stadt und ab 1944 wird auch Weisenau schwer getroffen – gleich drei Mal: am 19. Oktober 1944, dann versehentlich beim misslungenen Angriff der Briten auf Mainz am 1. Februar 1945 und schließlich bei dessen Wiederholung am 27. Februar 1945.

Als der Krieg zu Ende ist, sind 45 Prozent der Wohnhäuser und 48 Prozent der anderen Häuser zerstört. Große Teile des alten Dorfs sind zerstört. Unwiederbringlich.

Die Narben sieht man noch bis heute.

Das „Schiller-Eck", Eleonorenstraße 28, heute Ollenhauer-Straße, lag im Erweiterungsgebiet, das bis 1914 jenseits der Portlandstraße entstand. Die Karte schrieb 1925 ein Sänger der „Eintracht" aus O´Kriftel, die beim Sängerstreit anlässlich des 50-Jährigen der Liedertafel Weisenau den „Ehrenpreis von Reichspräsident Friedrich Ebert" errang. Die Gasstätte soll bis Ende der 1960er bestanden haben.

Das wiederaufgebaute Weisenau in den 1950er-Jahren, das Gelände praralel zur Göttelmannstraße ist noch kaum bebaut.

177 Weisenau II

Pläne für eine Stelzenstraße am Ufer

Als am Abend des 27. Februar 1945 Tausende ausgebombte, obdachlose Mainzer vor den Trümmern ihres Lebens stehen, wissen die meisten nicht, wohin. Wer Verwandtschaft oder Freunde in den Vororten oder den Stadtteilen hat, macht sich mit seinen letzten Habseligkeiten auf den Weg. Nach Gonsenheim, Bretzenheim oder Hechtsheim, nur nach Weisenau geht es mit Vorsicht und wenig Hoffnung. Denn schnell spricht sich rum, dass der Ort auch wieder schwer heimgesucht worden ist. Zum dritten Mal in wenigen Monaten.
19. Oktober 1944, 1. Februar 1945, 27. Februar 1945 – das sind die Schicksalstage von Weisenau. Mit der tiefen Tragik, dass der Vorort einmal aus Versehen getroffen wird. Denn am ersten Februartag ist eigentlich die Mainzer Innenstadt das Ziel, die aber bis auf die Christuskirche verfehlt wird. Stattdessen geht der Bombenhagel im Süden nieder. Vieles landet auf den Feldern, die von Kratern übersät sind, aber auch Weisenau brennt. Und als der britische Luftmarschall Bomber-Harris auf der Ziel-Liste Mainz doch abhaken will und am 27. Februar den fehlgegangenen Angriff wiederholt, trifft es Weisenau erneut.
Bis heute wird beim Bauen aufgepasst, ob im Erdreich nicht doch noch Blindgänger liegen. So wie Ende November 2014, als 8000 Menschen ihre Wohnungen verlassen müssen, weil Am Fort Weisenau eine britische 1000-Kilo-Bombe gefunden wird und entschärft werden muss.

Weisenau ist 1945 zu 50 Prozent zerstört oder schwer beschädigt. Fotos zeigen im Bereich Langentalstraße, Zollgasse und Mönchstraße, beim Blick von der Schillerschule über den Ort oder in der Hohlstraße Verwüstungen wie in der Innenstadt. Von vielen Häusern steht gerade noch das ausgebrannte Erdgeschoss, von anderen bleibt nurmehr ein Haufen Steine.

Ansichtskarte des Gasthauses „Zum Schwan“, die auch sehr gut die Situation auf der Wormser Straße zeigt mit Tankstelle, Straßenbahn und Bahnhof.

Wer heute diese Bilder sieht, fragt sich, wie es bei all dieser Zerstörung weitergehen kann. Aber es geht weiter. Erst mal wird vielleicht nur das Erdgeschoss aufgemauert, wie in der Mönchstraße 2, wo Friseur Zimmermann mit Hohlblocksteinen die Ziegelfassade ausbessert, um den Geschäftsbetrieb wieder aufnehmen zu können. Wahrscheinlich ist das erst nach der Währungsreform, denn im Adressbuch 1948 ist das Friseurgeschäft noch nicht aufgeführt.

Wie überall ist auch in Weisenau die Einführung der D-Mark im Juni 1948 das entscheidende Startsignal für den Neuaufbau in größerem Stil. Material ist wieder verfügbar, und so beginnt alsbald der Wiederaufbau der katholischen Kirche, wird das Kulturheim gebaut, in dem ab

Mehrbildkarten von etwa 1953 mit Ehrenmal, Polizeirevier, Marktplatz (heute Tanzplatz) mit Blick zur Hohlstraße und Bahndamm.

DER SPORT

Der Anschlußtreffer fiel zu spät

Spvgg. Weisenau unterlag dem FK Pirmasens entgegen allen Unkenrufen nur 1:2 (0:2)

Das große Spiel ist vorüber.

Sportlicher Höhepunkt der 1950er-Jahre: Die Spielvereinigung gibt ein Gastspiel in der höchsten Spielklasse, der Oberliga Südwest. Hier Bericht und Originalfoto vom 1:2 gegen Pirmasens im August 1958 vor 6000 Fans.

1950 das gesellschaftliche und das Vereinsleben wieder stattfinden kann. Es geht aufwärts. Das Leben normalisiert sich wieder halbwegs. 1950 wird die erste Kerb gefeiert, 1951 begeht der Schifferverein sein 50-Jähriges und errichtet bald darauf den Schiffermast.
Doch das alte Ortsbild ist verloren. Neubauten entstehen oft in vereinfachter Form, erhaltene Ziegelfassaden verschwinden hinter Putz, und wo es historisch wirken soll, wird Bruchstein vorgeblendet und Fachwerk vorgetäuscht.

Doch es gibt schön erhaltene beziehungsweise gerettete Gebäude wie den Komplex Wormser Straße 15 mit einem barocken und einem klassizistischen Teil. Zwar überlebt das Ensem-

Der Charme der 1960er-Jahre. Auf dem rechten Bild erkennt man, dass die Ecke zur Hohlstraße noch nicht wieder aufgebaut ist.

Vorn ein Stück vom Volkspark, dann geht der Blick über die noch nicht bebaute Gegend am Viktorstift.

ble den Bombenkrieg fast unbeschadet, dafür aber verkommt es in den nächsten Jahrzehnten und wird so marode, dass es sogar abgestützt werden muss und zum Abriss ansteht. Zum Glück verhindert das der Denkmalschutz, und das Gebäude wird mit leichten Eingriffen in die historische Substanz saniert.
Gar nicht weit entfernt überlebt im Windschatten der Geschichte ein Gebäude, das erst geschändet wird, dann in Vergessenheit gerät, herunterkommt, wiederentdeckt wird und sich heute als Schmuckstück zeigt – die Synagoge in der Wormser Straße. Erbaut in den 1730er-Jahren dient sie damals einer stattlichen Gemeinde, die ein Viertel der Einwohner ausmacht, aber immer weiter abnimmt, bis sie in den 20er-Jahren nur noch etwa 30 Mitglieder zählt. Die Gemeinde soll bis 1932 existiert haben, während die Synagoge nach unterschiedlichen Quellen bis 1917 oder noch bis Mitte der 1930er genutzt wird.

Dass sie bei der Kristallnacht 1938 zwar verwüstet, aber nicht verbrannt wird, ist dem Umstand zu verdanken, dass ein Nachbar die Nazi-Horden auf die Brandgefahr fürs Unterdorf hinweist. So ist die Weisenauer Synagoge die einzige in Mainz, die die Nazi-Zeit überlebt. Nach dem Krieg gerät sie, hinter den Häusern der Wormser Straße stehend, in Vergessenheit und wird bis zur Wiederentdeckung in den 1980ern als Hühnerstall und Abstellschuppen genutzt. Mithilfe des eigens gegründeten Fördervereins wird die Synagoge aufwendig restauriert und 1996 eingeweiht.
Nach so viel Historie grüßt ein bisschen weiter die Wormser Straße entlang dann die Moderne. Das „Quartier 65" ist schmal, aber tief, hebt sich durch hellen portugiesischen Granit vom Umfeld ab, in das es sich giebelständig und mit drei Geschossen aber doch gut einpasst. Wobei: Die drei Geschosse sind nur Optik, hinter der Fassade verbergen sich derer vier.

Die letzten Jahrzehnte sehen also viele Veränderungen im alten Ort selbst, aber Weisenau entwickelt sich nach dem Krieg in alle Richtungen. Ein Kranz von Neubaugebieten umgibt rasch den ganzen Ort. Bis hin zum Volkspark wird gebaut, dort das Bungalow-Viertel rund um den Viktorstift. Ein beschauliches, wohlhabendes Viertel, das aber im April 1970 von einem grausamen Doppelmord an einer Mutter und ihrer Tochter erschüttert wird – es ist der Mordfall Geimer. Bald darauf wird der Täter gefasst, der auch 53 Jahre nach der Tat noch in Haft sitzt.
Weisenau ist zwischen 1970 und 1990 Tatort von insgesamt fünf tödlichen Verbrechen, ein Schauplatz ist das Parkhaus am Tanzplatz. Opfer ist ein junger Weisenauer, der sein Auto

Um 1960 sind gerade erst die Pfeiler der Weisenauer Brücke im Bau. Zwei Jahre später wird sie eröffnet.

verkaufen will und abends mit einem Interessenten zum Parkhaus geht, wo das Auto abgestellt ist. Als er den Kofferraum öffnet, wird er von hinten erstochen. Der Täter raubt das Auto, packt die Leiche in den Kofferraum, um sie im mitteldeutschen Braunkohletagebau im Schotterplanum einer Straße zu vergraben.
Am Auto verliert der Mörder rasch das Interesse, tauscht es gegen ein anderes Fahrzeug und wird bald darauf festgenommen. Mindestens einen weiteren Mann bringt der Täter ebenfalls wegen eines Autos um. Er sitzt seit über 30Jahren in Haft. In Weisenau wird außerdem ein Pfarrer umgebracht, dann ein Geschäftsmann und Ende Juni 2022 kommt noch ein Tatort hinzu – ein TV-Tatort mit Heike Makatsch als

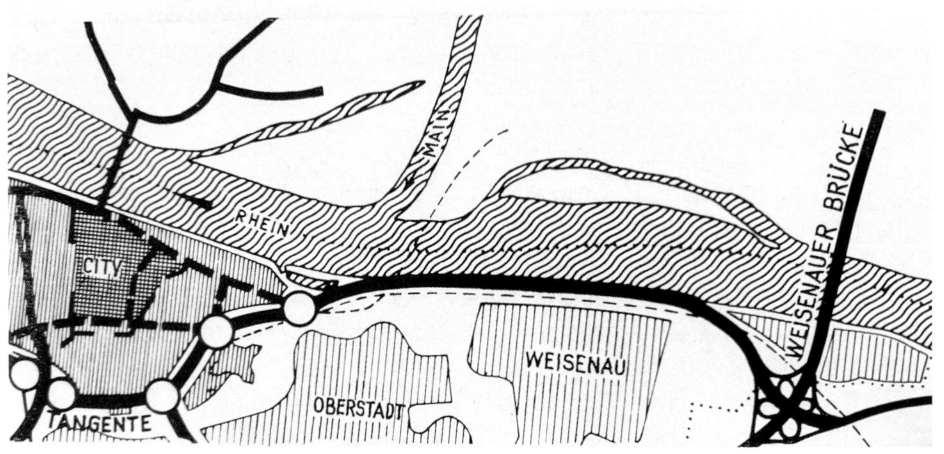

Dieser Plan zeigt, wie die Innenstadttangente von oberhalb des Bahnhofs (zwei Punkte links) durch die Oberstadtparks zum Winterhafen führen sollte und von dort am Rheinufer vor Weisenau entlang zur Weisenauer Brücke.

Mainzer Ermittlerin. Eine schöne Villa im historisierenden Stil in der Burgstraße ist Schauplatz des Mordes an einer reichen älteren Dame.

Aber nun zurück zum Verkehrsthema. Mit der rasch ansteigenden Motorisierung der Nachkriegszeit und dem noch fehlenden Mainzer Ring wird gerade die Rheinfront stark belastet. Noch ist die Rheinstraße, heute Wormser Straße, relativ schmal, zumal es auf der Bahnseite, direkt neben dem Bahnhofsgebäude, sogar noch Platz gibt für die Shell-Tankstelle von Walter Scholz und später anderen Pächtern. Dazu liegt vorm Bahnhof auch noch die Endhaltestelle der Straßenbahnlinie 1 mitten auf der Straße.
Die Straßenbahn verschwindet 1963, die Tankstelle steht 1965 nicht mehr im Adressbuch, während das Empfangsgebäude in den 1970ern verschwindet, als am Haltepunkt nur noch eine Handvoll Züge am Tag halten. Der Platz für die Straße wird breiter, aber die Stadt hat noch ganz anderes in Sachen Verkehr vor.

Als Ende 1962 die Schiersteiner und die Weisenauer Brücke eröffnet werden, sieht Mainz die Chance, den Verkehr aus der Innenstadt fernzuhalten. Zwei Straßenringe sollen um die Stadt führen – weit draußen der Mainzer Ring und um die City herum die Innenstadttangente mit Mombacher Hochstraße, dann via Mombacher Straße und Oberstadtparks in die Altstadt, wo sie auf die Altstadttangente trifft. Die Schnellstraße wird weiter zum Rhein geführt und schwenkt dort in Richtung Süden. Nach dem Winterhafen soll die vierspurige Straße den Rhein erreichen und dann parallel zur Bahn auf Stelzen am Ufer entlang bis zur Weisenauer Brücke führen.

Im Falk-Faltplan Mainz, 3. Auflage von 1967, ist das Gesamtprojekt inklusive der Weisenauer Stelzenstraße eingezeichnet. Aber die Wirtschaftskrise Anfang der 1970er und dann das Umdenken in Sachen Verkehr lässt die Pläne in den Schubladen verschwinden. Zum Glück für Mainz, zum Glück für Weisenau.

Die Straßenbahn an der Endstelle vor dem Weisenauer Bahnhof. 1963 kam das Aus für die Linie 1.

Luftaufnahme vom Anfang 1970er

178 Zementwerk

Die Portland

In kaum einem Mainzer Unternehmen spiegelt sich der Verlauf der letzten 170 Jahre, die Entwicklung von Wirtschaft, Politik und Gesellschaft so wider wie im Weisenauer Zementwerk, „der Portland". Aufstieg und Fall und erneuter Aufstieg zeichnen sich in der Firmengeschichte ab, ebenso die bösesten Zeiten. Und sind große Unternehmen einst hoch willkommen, so muss das Werk in den letzten Jahrzehnten mit wachsender Industrieskepsis leben. Selbst die Nachfolgenutzung des Laubenheimer Steinbruchs fällt Sorgen und Ängsten zum Opfer. Auch das ein Spiegel der gesellschaftlichen Entwicklung.
150 Jahre wird hier Portlandzementklinker produziert, und die Eisenbahn ist so etwas wie Patin bei der Gründung des Unternehmens, denn Bauunternehmer Christian Lothary (1814-1868) legt mit der Beteiligung am Bahnbau 1850 den Grundstock für sein Vermögen. Lothary soll auch den Hochwasserdamm verbreitern, kauft hierfür bei Weisenau einen Steinbruch, Basis für die Portland-Zementproduktion ab 1864.

Portland-Zement wird 1824 in England patentiert und ist den günstigen deutschen Produkten überlegen. Als in Deutschland mit dem voranschreitenden Bahnbau Industrialisierung und Bautätigkeit zunehmen, will man Portland-Zement auch hier produzieren. Die Mainzer Gegend mit ihren Kalkvorkommen, die schon die Römer nutzen, ist ideal, und das Weisenauer Werk gehört zu den ersten deutschen seiner Art.

Lotharys Zementwerk entwickelt sich rasant und mit dem Abraum des Steinbruchs schüttet er am Rhein ein hochwassersicheres Gebiet auf, auf dem er ein Hüttenwerk errichten will. Er gewinnt dafür Julius Römheld, der nach dem Scheitern des Projekts aber in der Wormser Straße 187 eine Gießerei gründet, mit der er alsbald ins Gartenfeld zieht.
Der Sieg im Deutsch-Französischen Krieg und der gründerzeitliche Entwicklungsschub für Mainz sind für das Zementwerk die Initialzündung. Der Bau von Neustadt, Hafen und Straßenbrücke sowie die Verlegung der Bahn bringen Zementfabrik, Kalkproduktion und Backsteinwerk Großaufträge, doch Lothary erlebt das nicht mehr, er stirbt 1868 mit nur 54 Jahren.

Die Brücke über die Bahn mit der von Römheld gebauten Drahtseilbahn vom Steinbruch zum Rhein.

Viele Arbeiter kommen aus verarmten Gegenden Rheinhessens, nehmen Tag für Tag stundenlange Fußmärsche in Kauf, und dennoch herrscht Personalmangel. Bis Südtirol und Galizien ist der Werber des Werks unterwegs, um Arbeitskräfte für den Steinbruch zu gewinnen. Eine gefährliche Tätigkeit, aber der Lohn ist fast drei Mal so hoch wie der normaler Arbeiter. Und die Portland bietet Wohnraum. Erst Schlafplätze über den Stallungen, später Wohnungen und -wohnhäuser mit Gärten zur Selbstversorgung. Es gibt auch einen Arbeiterverein mit Vergünstigungen, der aber vor allem dazu dienen soll, „sozialdemokratische Umtriebe" fernzuhalten.
So wie sich Kriegserfolg, Gründerboom und die Entwicklung von Mainz im Geschäftserfolg spiegeln, so geht es in der Gründerkrise mit der Portland abwärts. Das Werk kommt herunter und wird 1887 an die Mannheimer Portland-Cementfabrik verkauft. Es geht wieder aufwärts, bis nach der Jahrhundertwende der Markt völlig überhitzt ist. Die nächste Krise folgt, die nächste Fusion mit Heidelberg, dann der Erste Weltkrieg, der Absturz und die Fusion zur „Portland Cementwerke Heidelberg-Mannheim-Stuttgart A.G.". Die Konzentration nimmt überall in der Wirtschaft zu.

Portland-Cementwerke Heidelberg-Mannheim, Werk Mainz, auf einer Ansichtskarte von 1905.

Nach einer weiteren Fusion nach dem Ersten Weltkrieg heißt das Unternehmen „Portland Cementwerke Heidelberg-Mannheim-Stuttgart A.G."

Die Weltwirtschaftskrise zwingt zur zeitweisen Stilllegung, und erst mit der langsamen, fälschlicherweise den Nazis zugeschriebenen Erholung der Wirtschaft geht der Betrieb weiter. Dabei hilft es dem Konzern, dass Generaldirektor Heuer in der NSDAP ist und später zu Himmlers „Freundeskreis Reichsführer SS" gehört. Über dem Werk weht eine Fahne mit Hakenkreuz im Zahnrad als Symbol der Deutschen Arbeitsfront, dem Einheitsverband von Arbeitgebern und Arbeitnehmern. 1937 wird Weisenau als erstes von 140 deutschen Zementwerken als „Nationalsozialistischer Musterbetrieb" geehrt. Es gibt Fahnenappelle, Hitler-Reden werden übertragen, aber die Reallöhne fallen aufs Niveau von 1925.

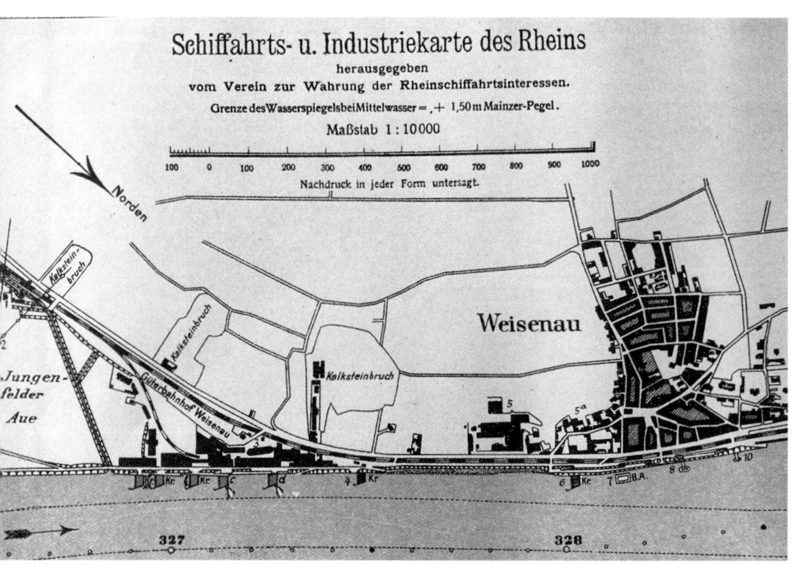

Die Steinbrüche, das Werk und die Verladepunkte auf einer Schifffahrts- und Industriekarte aus den 1920ern.

1943 wird auf dem Gelände ein Außenkommando des SS-Sonderlagers Hinzert im Hunsrück eingerichtet, dessen Häftlinge in der Portland eingesetzt werden. Über hundert Gefangene werden in Baracken zusammengepfercht, in denen oft Wasser steht, sind unterernährt und den Quälereien der SS ausgesetzt. Selbst schwerste Arbeiten müssen im Laufschritt absolviert werden, und immer wieder werden Häftlinge bei geringsten Vergehen gequält. Heinz Leiwig schreibt dazu im Buch „Leidensstätten in Mainz 1933 bis 1945": „Der zu Bestrafende musste mit vorgestreckten Armen in der Hock bis zum Umfallen hüpfen. Bei Erlahmen, Erschöpfung oder Umkippen des Häftlings schlugen die SS-Bewacher mit Stöcken und Ochsenziemern auf ihn ein. Immer wieder werden Häftlinge „auf der Flucht erschossen", wie zynisch vermerkt wird.

Seit Juli 1944 laufen im Steinbruch Vorbereitungen für die Verlegung der Gustavsburger MAN-Produktion. Unterirdisch sollen Abschussrampen für die „Vergeltungswaffe V 2" gefertigt werden, und dafür müssen Kriegsgefangene, vor allem aber Zwangsarbeiter, 1500 Meter lange Stollen in die Westwand des Steinbruchs treiben. Bis März 1945 werden auch SS-Häftlinge eingesetzt, die in einem Seitenstollen unter schlimmsten Umständen hausen müssen. Die letzten Häftlinge will die Gestapo in einen Eisenbahnwaggon mit der Südbrücke in die Luft jagen. Es gelingt nicht.
Das Werk ist durch die Zerstörung der Kohlenmühle bis 1946 nicht betriebsfähig, danach nur notdürftig, aber mit der Währungsreform beginnt ein fast rauschhafter Aufstieg. Das vollkommen zerstörte Land wird rasend schnell aufgebaut, und Baumaterial, vor allem Zement, kann kaum so schnell produziert werden, wie es verbaut wird.1952 erreicht die bundesweite Zementproduktion die doppelte Menge der Vorkriegszeit, und Weisenau gräbt sich mehr und mehr ins Gelände. 45 Meter hoch und über einen Kilometer weit reicht die Abbauwand. Zwei Mal am Tag wird gesprengt, und Ende der 50er gibt es erstmals Beschwerden aus Laubenheim wegen der Erschütterungen.

Die Aufbauzeit und das nach Mitte der 50er-Jahre einsetzende Wirtschaftswunder sorgt im Werk Weisenau für immer höhere Absatzzahlen, zwischen 1948 und 1961 wird die Produktion 525 Prozent auf 750 000 Tonnen im Jahr gesteigert. Die Heidelberg-Cement AG investiert hier bis Ende der 1960er-Jahre 120 Millionen Mark, und das zahlt sich aus. Im 100. Jahr des Bestehens werden eine Million Tonnen Zement im Jahr versandt, 1975 dann 1,6 Millionen Tonnen – der Höhepunkt.
Zwischenzeitlich wird ein Teil des Firmengeländes am Rhein abgetrennt und dort die Soya Mainz gebaut, in der Sojabohnen zu Schrot und Öl gemahlen werden. Eine Zeit lang ist die Heidelberger Zement zu 30 Prozent beteiligt.

Die Baukonjunktur schwächt sich laufend ab, gravierend für Weisenau ist aber, dass der Abbau nur noch ein paar Jahre reicht. Und so stellt das Werk 1993 den Antrag, im Bereich Laubenheimer Höhe auf 70 Hektar Kalkstein abbauen zu können. Und erstmals schlägt dem Unternehmen aus der zunehmend industrieskeptischen Gesellschaft massiver Gegenwind entgegen. So dauert das Verfahren zehn Jahre, und in dieser Zeit ist laut Konzern der Investitionsstau so groß geworden, dass trotz Abbaugenehmigung der Aufwand nicht mehr lohnt. 2004 verkündet man die Teilstilllegung und die Umwandlung zum Mahlwerk. Man konzentriert sich auf das Gelände zwischen Rhein und Bahn, worauf 2008 der Entsorgungsbetrieb der Stadt den rekultivierten Steinbruch und den teilverfüllten Laubenheimer Steinbruch übernimmt. Nun gibt die Heidelberg-Cement AG die Abbaugenehmigung an die Stadt Mainz zurück. Und mit der Sprengung des Wärmetauschers 2009 verschwindet auch das Wahrzeichen der Weisenauer Zementindustrie. (Empfehlenswert: „Die Geschichte des Zementwerks Mainz Weisenau", unter www.heidelbergcement.de).
Nicht wenige in der Umgebung atmen auf, da die Gesellschaft, die ihren Wohlstand vor allem dem produzierenden Gewerbe verdankt, genau dieses nicht mehr in ihrer Nachbarschaft wissen will. So ist es auch mit Abfall und Müll.

Ein schwerer Kettenbagger verlädt Abraum in Bahnwaggons.

Als die Stadt beschließt, im Laubenheimer Steinbruch eine Deponie für niedrig belasteten Bauschutt zu errichten, bricht ein Orkan der Entrüstung los, der das Projekt hinwegfegt.

Ein Silo-Zug am Rheinufer des Werks in den 50ern.

Das Luftbild aus den 20er Jahren zeigt unten die ersten Bauten der Ketteler-Siedlung an der Görresstraße, darüber die Weisenauer Chaussee und das Gelände, auf dem sich heute der Volkspark befindet.

179 Göttelmannstraße und Ketteler-Siedlung

Die „goldene Freiheit" vor der Stadt

Im Jubiläumsbuch zum 100-Jährigen der Ketteler-Siedlung in der Oberstadt gibt es ein Kapitel mit dem Titel „Das kleine Paradies am Rande der Stadt". Gemeint ist die Zeit von der Gründung bis zur Vernichtung 1945, aber das mit dem kleinen Paradies, das scheint immer noch ein Stück weit zu stimmen. Wohnblocks mit Fensterläden und gesprossten Fenstern, viel Grün zwischen den Häusern – nur am Rande der Stadt liegt die Siedlung schon Jahrzehnte nicht mehr.

Katholische Männer um den Zentrumsmann Lorenz Diehl, die sich auf den Mainzer Sozialbischof Ketteler berufen, gründen 1919 den gleichnamigen Bauverein. Und bald gelingt es dank vermögender Mainzer, ein Gelände am „Oberen Weisenauer Weg", der Weisenauer Chaussee, zu kaufen. 1925 werden die ersten 18 Dreizimmerwohnungen übergeben, bis 1937 werden es 72 Zwei-, 54 Drei- und 15 Vierzimmerwohnungen.

Als die Siedlung entsteht, ist sie umgeben von Schrebergärten und Feldern. Die Bebauung endet an der Straße Am Michelsberg und auf der anderen Seite der Chaussee, dort wo später Thingplatz und Volkspark entstehen, liegen die Reste des Fort Weisenau.

Wer in die Stadt will, muss zur Straßenbahn an der Weisenauer Straße marschieren, bis im Juni 1929 die Buslinie C, später W, in Betrieb geht. Hintergrund ist die Eingemeindung von Weisenau am 1. Januar 1930, dessen Oberdorf ans Verkehrsnetz angeschlossen werden soll. 1934 erhält die Chaussee ab Einmündung Rosengarten den Namen von Altbürgermeister Göttelmann.

Ein Alt-Bewohner, der in der Ketteler-Siedlung vorm Krieg seine Kindheit verbracht hat, spricht von der „Goldenen Freiheit". Kein Wunder, kommen doch die allermeisten Bewohner aus der Enge, der Dunkelheit und dem Elend

Die Görresstraße um 1930 mit Mansardwalmdächern, die nach der Zerstörung im Krieg Satteldächer erhielten.

Stadtplan von 1954. Gegenüber dem Volkspark die Kettelersiedlung.

der Altstadtgassen. Nun endlich haben die Menschen helle Wohnungen, die meisten gar mit Bad und Toilette sowie mit einem kleinen Nutzgarten, der hilft, etwas Gesundes günstig auf den Tisch zu bekommen. Auch eine Gemeinschaftswaschküche gehört dazu, und die Wäsche muss nicht im Altstadtmief trocknen, sondern hängt an der frischen Luft.

Luftbild, wahrscheinlich 1944. Links oben die Ebert-Siedlung, dann diagonal die Hechtsheimer Straße, unten Mitte die Ketteler-Siedlung.

1947 verläuft durch die Görresstraße eine Trümmerbahn.

In der Jubiläumsschrift gibt es eine wunderbare Schilderung vom Alltagsleben in der Siedlung, etwa vom Kolonialwarenlädchen mit „Heringsfass, Mehl- und Zuckersäcken, Bonbongläsern, Petroleumpumpen für Keller- und Sturmlaternen, Eisschrank für die Butter" und vielem anderen, was damals noch lose, also ohne Verpackung, verkauft wird.
Der Milchmann kommt mit dem Pferdewagen, ebenso der Bäcker und auch der Metzger, der auf Bestellung liefert. Aber Schulen und Kirche – all das ist weit weg.
Doch das Idyll des schönen bescheidenen Lebens in der „goldenen Freiheit" nimmt ein jähes Ende. Ein kleiner Gedenkort an der Heinrich-von-Gagern-Straße erinnert daran: an die gefallenen Mitbewohner und all jene, die bei den schweren Luftangriffen in der Siedlung ums Leben kommen.

Das erste Haus wird im Oktober 1944 zerstört, wobei die Bewohner in einem selbst gegrabenen Bunker überleben, aber der 27. Februar 1945 bringt die totale Vernichtung, nur ein Haus übersteht den Angriff. 20 Bewohner, fast nur Frauen und Kinder, sterben, dazu zählt die Siedlung 21 Gefallene, zwei Vermisste und ein Soldat stirbt in Gefangenschaft.

Das Mahnmal in der Siedlung für die im Krieg getöteten Bewohner, daneben eines der aufgebauten Häuser mit Satteldach.

Wo es geht, leben die Bewohner in Kellern. Strom gibt es nicht, und Wasser muss bis in den Sommer 45 an der Eisenbahnbrücke geholt werden, bis teils in Eigenhilfe die Versorgung wiederhergestellt wird. Aber es dauert bis 1950, bis die letzten Familien die Keller verlassen, und weitere fünf Jahre, bis der Wiederaufbau abgeschlossen ist.

Doch die Siedlung sieht nun anders aus. Statt Mansardwalmdächern, die heute noch an vielen Oberstadthäusern jener Zeit zu sehen sind, erhalten die Häuser unter Umwandlung

Der Obus fährt auf der noch nicht ausgebauten Göttelmannstraße 1955 durch einsames Gebiet.

Der Obus fährt noch 1963 auf der ausgebauten Göttelmannstraße.

des Mansardgeschosses ein Satteldach. Als alte Elemente bleiben Haustüreinfassungen in dunklem Klinker erhalten.
Die benachbarte Göttelmannstraße wie überhaupt das Gelände bis zum Heiligkreuzweg ist selbst Mitte der 1950er-Jahre noch fast unbebaut. Die Straße selbst ist schmal und an den Seiten unbefestigt, doch ab 1. September 1955 fährt dort das damals modernste Mainzer Verkehrsmittel – der Oberleitungsbus, kurz Obus. Er löst die Linie 15 ab, fährt bis Weisenau.

Der Obus ist bereits seit 1942 in Mainz angedacht, wird aber erst kurz nach dem Krieg zunächst mit einer, dann zwei Linien realisiert. So führt die Kliniklinie K, später 21, vom Straßenbahnamt via Münsterplatz zum Städtischen Krankenhaus, dann zum Vincenz (heute MKM) am Fort Elisabeth, weshalb der Obus einen Umweg über Freiligrathstraße und Neumannstraße zur Goldgrube nimmt und dann via Stiftswingert und Rosengarten zurückfährt. Die Gonsenheimer Obuslinie ist die 22, die 1955 vom Stiftswingert bis Weisenau verlängert wird. Sie ist aber nach acht Jahren Geschichte wie 1967 der gesamte Obusbetrieb.

1956 wird die Straße nach Weisenau ausgebaut, aber es dauert bis in die 1960er, bis die Bebauung in Gang kommt. Der Ketteler Bauverein baut ab 1960 an der Göttelmannstraße mehrere Blocks, dann entstehen das Hochhaus am Volkspark und Firmengebäude bis Heiligkreuzweg sowie das Bungalowviertel Am Viktorstift. Reicht die Göttelmannstraße heute von Stiftswingert/Rosengarten bis Heiligkreuzweg, hieß der Teil nach der Gemarkungsgrenze hinterm Volkspark noch lange Mainzer Straße. Aber selbst als der Name im Weisenauer Teil angeglichen wird, zeigt das Adressbuch dort eine eigene Nummerierung, weshalb es auf kurzer Distanz Hausnummern doppelt gibt. Das ändert sich erst in den 1970ern.

Über die Bluttat am Viktorstift, der Mutter und Tochter Geimer 1970 zum Opfer fallen, haben wir schon in Folge 177 berichtet, aber 21 Jahre später gibt es in der Gegend erneut ein Tötungsverbrechen. Diesmal ist die Göttelmannstraße Tatort, als bei der Firma Rhemata, Hausnr. 17, am 5. Dezember 1991 Juniorchef Peter W. überfallen und erschossen wird. Die Tat bleibt ungeklärt, bis 1998 der Fall neu auf-

Göttelmannstraße und Ketteler-Siedlung Ende der 1960er-Jahre mit BP-Tankstelle und IFA-Markt.

gerollt wird und die Ex-Freundin eines Täters auspackt, der ihr alles erzählt hat. Die Männer sind leicht zu fassen, denn sie sitzen wegen anderer Taten in Haft.

Wegen Raubes mit Todesfolge und weiterer Delikte erhalten sie 14 bzw. 13 Jahre Haft und wegen ihrer dicken Vorstrafenakte noch Sicherungsverwahrung. Dass es keine Mordanklage gibt, haben sie einer Mainzer Vermessungsfirma zu verdanken. Denn als die Täter behaupten, dass sich der Schuss im Gerangel gelöst habe, beauftragt die Kripo das Unternehmen, den Schusskanal zu prüfen. Und tatsächlich wird durch Messungen bewiesen, dass die Aussage stimmt.

Und ein Jahr später gibt es wieder einen Mord in Weisenau: Da wird Ostern 1992 in der August-Herber-Straße der Pfarrer einer hessischen Gemeinde erstochen. Auch hier dauert es Jahre, bis die Täter verhaftet und verurteilt werden.

Ketteler-Siedlung heute.

Blick in die Straße Am Rosengarten mit der Villa Mann (l.) und dem späteren Bischofshaus (r.).

180 Am Rosengarten

Wo der Papst Gitarre spielt

Als 1871 der eben gekrönte Kaiser Wilhelm I. mit dem Zug aus Frankreich kommend hier Station macht, ist ganz Mainz auf den Beinen. Am Central-Bahnhof am Holztor erweist ihm die Stadt mit einem festlichen Empfang die Ehre. Vertreter von Militär und Kirche sind zugegen, aber die hohe Würde, dem Kaiser den Ehrentrunk im eigens gefertigten Goldpokal darzureichen, kommt Lederfabrikant Carl Franz Deninger zu. Ein Zeichen für das Selbstbewusstsein des Bürgertums, das sich seine Stellung in Staat und Gesellschaft erobert hat. Aber seine große Zeit beginnt erst.

1871 ist Mainz eingeschnürt im Festungsgürtel, da ist wenig Platz, den gewonnenen Wohlstand in Gestalt repräsentativer Wohnhäuser zu zeigen. Mit der Gründung der Neustadt im September vor 150 Jahren entstehen an der Kaiserstraße vornehme Mietshäuser oder Stadtvillen an der Schulstraße. Aber erst die Auflassung der Umwallung gibt dem Großbürgertum Raum, sich zu entfalten. So entsteht oberhalb des Stadtparks rund um die Straßen Am Rosengarten, An der Karlsschanze, Auf dem Albansberg, Am Frankenhag und Auf der Steig ab 1909 ein Villenviertel. Häuser im Landhausstil, Darmstädter Jugendstil oder mit klassizistisch Anklängen prägen die Straßen, die trotz mancher Veränderung ihr schönes Antlitz bis heute bewahrt haben.

Eine der ersten Villen ist das Haus Am Rosengarten 2. Es ist ein in Mainz sehr bekanntes Gebäude, residiert hier doch einige Jahrzehnte der Bischof. Gebaut wird die Villa 1910 für den Weisenauer Korkstopfenfabrikanten Albert Metzke, Hauptmann a.D. der 117er, und

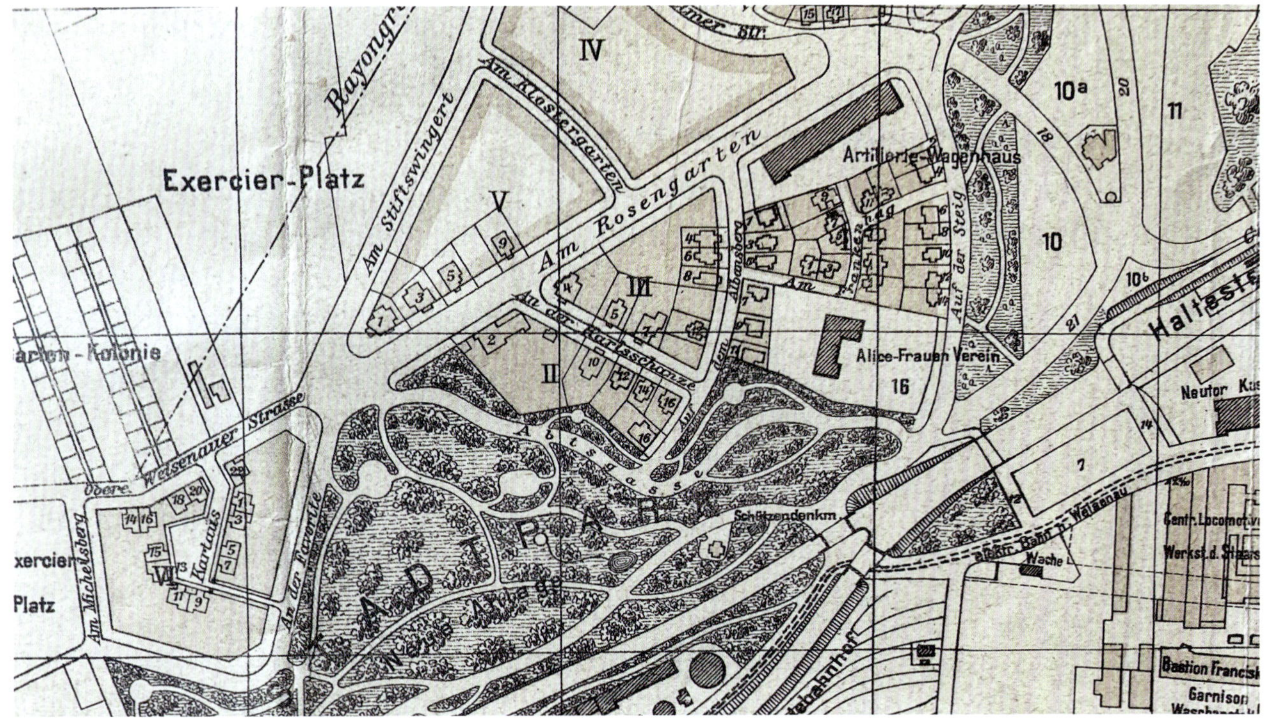

Stadtplan von 1914. Die Straßen oberhalb des Stadtparks sind noch lange nicht komplett bebaut.

geht in den 20ern in den Besitz des Reichsvermögensamtes über, das das Anwesen einem hohen französischen Besatzungsoffizier zur Verfügung stellt. In den 1930ern wird Fabrikant Rudolf Schneider (Werner & Mertz, Blendax) Eigentümer, bis die Kirche das Haus in den 1950er-Jahren kauft und zum Bischofssitz umbaut, wovon heute noch das Wappen überm Eingang kündet.

Zu Zeiten von Kardinal Volk sieht das Bischofshaus seinen allerhöchsten Gast – Papst Johannes Paul II. Anlässlich seiner Messe auf dem Finther Flugplatz am Sonntag, 16. November 1980, übernachtet er im Bischofspalais, und dabei gibt es eine besondere Begegnung mit Gläubigen, wie Norbert Munk berichtet.
Munk wohnt 1980 in der Nachbarschaft mit gutem Blick auf den Bischofssitz und sieht, wie sich

Die alte Bischofsvilla Am Rosengarten 2. Hier nächtigte 1980 Papst Johannes Paul II.

Mit diesem Plakat wurde damals für die große Papst-Messe in Finthen geworben.

dort am späteren Abend – damals noch ungehindert von Sicherheitskräften – eine Gruppe Gläubige versammelt, wohl um einen Blick auf den Papst zu erhaschen. Als der spätabends eintrifft, ist er nicht zu sehen, aber die Gläubigen geben nicht auf: Sie versammeln sich vorm Haupteingang und singen. Plötzlich, so Munk, öffnet sich die Tür und heraustritt – der Papst.

Gütig und freundlich spricht Johannes Paul II. zu den Gläubigen, dann lässt er sich eine Gitarre reichen und singt mit der Gruppe ein Lied. Welch ein Erlebnis für diese Menschen! Heutzutage unvorstellbar. Die Gläubigen kämen nicht auf 100 Meter an den Heiligen Vater heran, und Norbert Munk würde von seinem Logenplatz vertrieben werden.
Der Papst ist übrigens schon vor diesem Besuch öfter in Mainz gewesen, weil die polnischen Bischöfe seit den 1960ern enge Kontakte zu ihren Amtsbrüdern und zur Mainzer Universität pflegen. 1977 erhält Kardinal Karol Wojtyla die Ehrendoktorwürde und besucht Unirektor Professor Schneider privat in der Goldenluftgasse. Im Jahr darauf ist er Mitte September nochmals in Mainz, doch vier Tage später stirbt überraschend Papst Johannes Paul I. Keine drei Wochen später ist Wojtyla selbst Papst – und zwei Jahre darauf kehrt er zurück nach Mainz.
Kardinal Volk zieht später in die Domstraße, doch er ist auch weiter gern zu Gast, als die Villa für einige Jahre an die Familie Willius-Senzer geht, deren Traditions-Tanzschule am Karmeliterplatz 2023 ihr Hundertjähriges feiert.

Auf der anderen Ecke zur Karlsschanze steht die Jugendstilvilla Am Rosengarten 4. Sie wird 1912 erbaut, im Krieg schwer beschädigt und

Familie Willius-Senzer feiert 1986 im alten Bischofshaus mit Kardinal Volk (3.v.r.) den 90. Geburtstag von Aenne Senzer. Von links Horst, Aenne, Patrick, Tina und Cornelia Willius-Senzer.

über dem Erdgeschoss neu aufgebaut. Der im Park freistehende hohe Kubus mit dem wuchtigen Altan dominiert die Nachbarschaft mit Bischofshaus und den gegenüberliegenden Doppelhäusern, wo sich in der Nr. 17 am 10. November 1938 eine Tragödie ereignet.
Dort leben damals die Eheleute Dr. Eugen und Hedwig Mannheimer. Er ist Oberstudienrat, unterrichtet Mathematik und Physik, bis er als Jude aus dem Schuldienst entlassen wird. Fortan lehrt er an der jüdischen Bezirksschule, wo auch all die von den Schulen weggeekelten jüdischen Kinder unterkommen. Noch im Sommer 1938 besuchen die Mannheimers ihren Sohn, einen Arzt, in den USA, der sie zum Bleiben bewegen will. Doch die Eheleute lehnen ab. Mannheimer fühlt sich verantwortlich für seine Schüler, und beide glauben, dass es nicht so schlimm kommen werde ... bis zur Kristallnacht.

Am frühen Morgen zünden SA und SS die Synagoge und die dort gelegene Bezirksschule an, und am Mittag werden die Mannheimers von einem Rollkommando heimgesucht, das ihre Wohnung zerstört. Als sie am späten Nachmit-

Der Lehrer Dr. Eugen Mannheimer mit zwei Schülern. Nachdem seine Wohnung in der Kristallnacht zwei Mal verwüstet wurde, nahm er sich mit seiner Ehefrau Hedwig das Leben.

Zwei Häuser, die 1920 für die französischen Besatzer gebaut wurden.

Ansichtskarte mit herrschaftlichen Häusern aus dem Villengebiet oberhalb des Stadtparks.

tag erneut von HJ-Schlägern überfallen werden und nun gar frühere Schüler des Lehrers darunter sind, erfasst die Mannheimers tiefe Verzweiflung. Am Abend begehen sie Selbstmord.

Die Überfälle auf das Paar bleiben wie die allermeisten Verbrechen jenes Tages ungesühnt. Ob die Täter im Laufe ihres Lebens wohl einmal daran gedacht haben, was sie den Mannheimers angetan haben?

Die meisten Doppelhäuser, die hier stehen, werden in den 1920ern für die französischen Besatzer gebaut. Als die Franzosen 1930 abziehen, übernimmt mitten in der Wirtschaftskrise der Mombacher Bauunternehmer Franz Vlasdeck fast alle diese Gebäude in Mainz und Gonsenheim. Aber das ambitionierte Vorhaben scheitert, 1932 werden die Vlasdeck-Häuser unter Zwangsverwaltung gestellt, später verkauft.

Es gibt einige Beschädigungen im Krieg, aber weitestgehend bleibt man hier verschont. Und schon am 19. Dezember 1946 hält im Rosengarten ein modernes Verkehrsmittel Einzug, der Oberleitungsbus. Er sollte bereits 1943 fahren. Weil aber die deutschen Werke keine O-Busse mehr liefern können, werden in Italien solche Fahrzeuge beschlagnahmt, von denen fünf aus Rom nach Mainz gelangen. Im Krieg kommt es nicht mehr zur Einrichtung des Betriebs, zumal auch mehrere Fahrzeuge teils schwer beschädigt sind. Also startet man 1946 mit zwei Fahrzeugen.

Die Krankenhauslinie „K", später 21, verbindet die Oberstadtkrankenhäuser - das Städtische, das Vincenz am Fort Elisabeth und das Alicekrankenhaus. Nach der Fahrt über Goldgrube und Stiftswingert biegt der Bus in scharfer Kehre in die Straße Am Rosengarten ein und hat an deren Ende, an der Kreuzung mit Hechtsheimer-, Salvator- und Ritterstraße die Endstation. Von dort ist es über die Steig nur ein kurzer Fußweg zum Alicekrankenhaus.

Dort, wo einst die Haltestelle ist, stehen heute zwei hübsche, kaum veränderte 50er-Jahre- Wohnhäuser, doch das dritte an der Ecke zur Steig fehlt. Ein Neubau ersetzt vor einigen Jahren das Haus, in dem einst ein Radio- und Fernsehstar wohnt – Otto Höpfner. Der Mainzer Jahrgang 1924, dessen Eltern eine Metzgerei in der Bahnhofstraße führen, wird auch Metzger, tritt aber Ende der 1940er als Conférencier bei Modenschauen im Café Münstertor auf und in der Fastnacht.
Sein Durchbruch kommt, als er nach dem Sieg bei einem Ansagerwettbewerb des Hessischen Rundfunks ab 1952 die Radiosendung „Frankfurter Wecker" moderiert. Das macht ihn regional zu einem Star, aber bundesweit berühmt wird er ab 1957 mit seiner volkstümlichen TV-Show „Zum Blauen Bock". Bald baut er sich hier das Haus, und das Adressbuch führt ihn als „Höpfner, Otto, Rundfunkansager".
Nachdem er im Honorarstreit mit dem HR geht und Heinz Schenk den „Blauen Bock" übernimmt, ist Höpfners Karriere so gut wie vorbei. 1973 soll er die angestaubte Fernsehsitzung „Mainz, wie es singt und lacht" modernisieren, legt aber eine Show-Katastrophe hin. Das ist es dann endgültig mit der Karriere.

Am Rosengarten lag – hier die Stirnseite zur Steig – eine Artilleriewagenhalle, die in den 1920ern auch von den Franzosen genutzt wurde.

Ansichtskarte mit Modell des Wohnhofs Kartaus, der an der Stelle des 1908 niedergelegten Fort Karthaus steht.

181 Kartaus und Karlsschanze

Kloster, Fort und schöne Villen

Wenige Jahre nachdem Kaiser Wilhelm II. 1904 in Gibraltar die Kabinettsordre zur Auflassung der Mainzer Umwallung unterzeichnet hat, errichten wohlhabende Bürger rund um den Rosengarten die ersten herrschaftlichen Villen. Es gibt oberhalb des Stadtparks aber noch einen weiteren Bauherren, der seine Villen vermietet – die „Reichskommission für die Mainz-Kasteler Festungsgrundstücke".

Die Kommission vermarktet das gesamte Festungsgelände und veröffentlicht im Adressbuch 1914 einen „Übersichtsplan über das in die südwestliche Stadterweiterung fallende Reichsgelände", die das Gebiet der Oberstadt umfasst. Der Beigeordnete Baurat Janz schreibt: „Die große Stunde für die Stadt Mainz wird in Bälde schlagen, wenn nach Beendigung der Entfestigung die Reichsregierung sämtliche Rayonbeschränkungen aufheben und damit der bürgerlichen Gemeinde der Raum freigeben wird zu hemmungsloser Entwicklung. Dann kann und muß das Mainzer Rad rollen."

Die Reichskommission mit Sitz in der Emmerich-Josef-Straße 22 und Baubüro in der Rheinstraße 74 ist überwiegend im Grundstücksverkauf tätig, tritt aber auch selbst als Bauherr auf. Herausragendes, heute noch existierendes Beispiel – der Wohnhof Kartaus. Er liegt seitlich der Göttelmannstraße zwischen Am Rosengarten und Am Michelsberg. Ein Kleinod.

Der Name Kartaus leitet sich ab vom einst unterhalb gelegenen, 1320 gegründeten und damit ältesten deutschen Kartäuserkloster. Ende des 18. Jahrhunderts wird die Klosteranlage, die im unteren Stadtpark liegt (heute von Favorite Parkhotel bis Roter Turm), aufgehoben und abgerissen. 1826 wird beim Ausbau des Festungsrings oberhalb des Parks das Fort Kartaus errichtet, das 1908 wieder niedergelegt wird. Und an seiner Stelle erbaut der Hausarchitekt der Kommission, Paul Kubo, sechs individuell gestaltete Doppelvillen sowie ein Einfamilienhaus, die sich fast alle um einen kleinen Platz mit schönem Brunnen gruppieren. Der Umriss der Anlage deckt sich mit dem Fünfeck des vormaligen Forts.

Das Fort Kartaus um 1904

Die Gebäude werden von der Kommission vermietet, zunächst laut Adressbuch 1914 überwiegend an Militärs – vom Oberleutnant bis zum Major und zum Stabsarzt. Einige Offiziere bleiben nach der Demobilisierung der Armee 1918 hier wohnen, nun mit der Bezeichnung a.D., also außer Diensten und den im Krieg erworbenen höheren Rängen. Der vormalige Stabsarzt Dr. Karl Boensel firmiert später als Generaloberarzt a.D. und ist nun niedergelassener Augenarzt mit Praxis in der Kaiserstraße 14 E.
Boensel erwirbt von der Reichskommission das Haus Kartaus Nr. 9, als diese den kompletten Wohnhof verkauft, womit sich dann auch die typische Bewohnerschaft der Gegend hier einfindet: Fabrikbesitzer, Bankdirektoren, Kaufleute und ein Rechtsanwalt. Das ist übrigens Dr. Fritz Boerckel, der 1957 Richter am Bundesverwaltungsgericht wird. Er ist Sohn des Heimatforschers und Schriftstellers Alfred Boerckel.

Den Bombenkrieg übersteht der Wohnhof im Gegensatz zur nur wenige Hundert Meter entfernten, vollständig zerstörten Ketteler-Siedung gut, weshalb in der Kartaus auch Ausgebombte aus der Stadt einquartiert werden. Etwa Bäckermeister Jean Ickstadt mit seiner Familie, der in der Löhrstraße schon beim ersten Angriff 1942 alles verliert und bei Dr. Boerckel unterkommt. Doch schon Anfang der 50er ist man hier wieder unter sich.
Anschließend an die Karthaus im spitz auf den Rosengarten zulaufenden Grundstücksdreieck zwischen Göttelmannstraße und An der Favorite steht eine Gruppe von drei Gebäuden, die aus den frühen 1920ern stammen. Bürgerlich-einfacher Stil, wobei der Kopfbau mit sei-

Besatzungshaus zwischen An der Favorite und Göttelmannstraße.

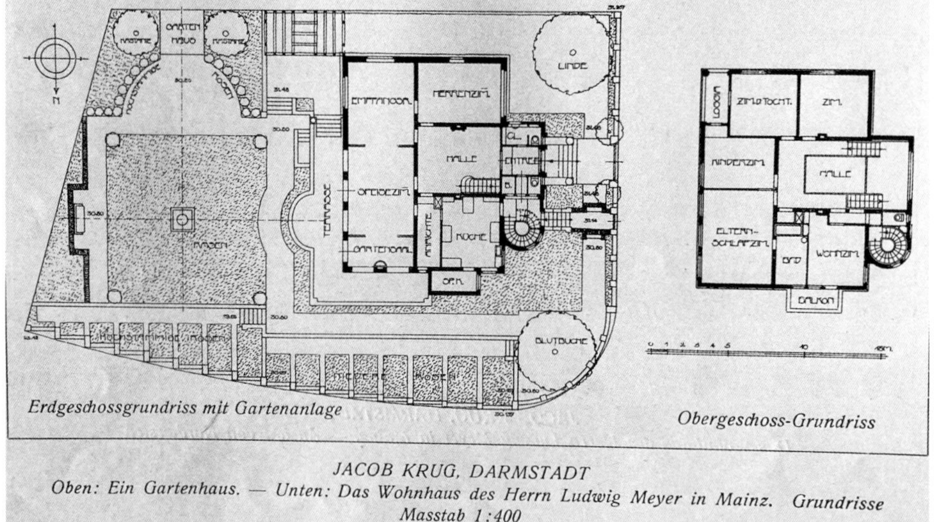

Die Villa von Chemie-Fabrikant Ludwig Meyer, Karlsschanze 16, um 1910 mit Grundriss.
Im Krieg teilzerstört, wird sie unter Beibehaltung der Proportionen wieder aufgebaut.

nen vorgezogenen Flanken einen interessanten Akzent setzt.

Die drei Häuser teilen ihre Baugeschichte mit zahlreichen anderen Straßenzügen der Oberstadt, etwa mit den Doppelhäusern in der benachbarten Straße Am Rosengarten, wo schon 1920 wieder Bewegung ins Baugeschehen kommt. Allerdings weniger für die Mainzer, sondern für die französische Besatzungsmacht. Die fordert für ihre Unteroffiziere, vor allem aber die Offiziere Wohnungen, während die einfachen Soldaten in den Kasernen leben. Ansprechpartner ist die Reichsvermögensverwaltung, die wiederum ihrerseits die Stadt beauftragt. Es entstehen sehr wertige, formschöne Häuser zumeist in der Oberstadt, etwa an Fort Josef, Neumannstraße, Langenbeckstraße, am Rosengarten und eben hier An der Favorite. Warum manche der von den Besatzern geforderten Häuser aber villenartige Di-

Seltene Einblicke ins Innenleben einer hochherschaftlichen Villa. Die Halle der Villa Meyer, ein Bücherschrank in schwarzgrau poliertem und mattiertem Nussbaum mit buntem Glasfenster, Blick in den Wintergarten und ein Büffet in gewachster und mattierter Eiche.

mensionen erhalten wie das Doppelwohnhaus Rosengarten 31/Hechtsheimer Straße 78 oder Rosengarten 8? Vielleicht ist dies dem hohen Rang der Bewohner geschuldet.
Bis Ende 1921 baut die Stadt als Treuhänder des Reichs für die französische Besatzung 146 Wohnungen in 61 Häusern, hat noch 68 in sieben Häusern im Bau, während das Reich 31 Häuser mit 206 Wohnungen errichtet hat. Für die deutsche Zivilbevölkerung werden bis 1922 etwa 1500 also das Dreifache an Wohnungen gebaut, benötigt werden aber mehr als 5000.

In der südwestlichen Stadterweiterung ist aber normaler Wohnungsbau kein Thema. Baurat Gelius schreibt: „Hier konnte wie in anderen Städten eine weiträumige Bebauung Platz greifen. Die Architekten widmeten sich wieder der neuen Aufgabe, dem Bau des Einfamilienhauses und es zeigen uns die Straßen am Drususwall, Frankenhag, am Rosengarten und andere in herrlicher Umgebung, die neuen Häuser im Villencharakter hauptsächlich zum Alleinbewohnen, überall mit Gärten umgeben." Mit Geschick hätten sie verstanden, sich den neuen Formen anzupassen, wobei Einwirkungen der Darmstädter Schule unverkennbar seien.
Drei dieser spannenden Bauten des Darmstädter Jugendstils, jeweils ausgeführt von Jacob Krug, finden sich am Rosengarten 4 und etwas unterhalb An der Karlsschanze 10 und noch ein Stück weiter auf der Ecke An der Karlsschanze / Auf dem Albansberg. Bei Letzterem handelt sich um die Villa An der Karlsschanze

Hier nochmals die Villa Meyer, links komplett zugewachsen in den 1930ern und in der heutigen Form, wie sie nach den Zerstörungen des Krieges entstanden war.

16, erbaut für Fabrikant Ludwig Meyer, Inhaber der gleichnamigen Chemischen Fabrik, Ingelheimstraße 9, IHK-Präsident und 1932 Gründungsmitglied des Rotary Club Mainz. Als Jude wurde er im April 1933 bei der IHK aus dem Amt gedrängt und seine Fabrik alsbald von den Nazis „arisiert". Den Krieg überlebt er in Frankreich, er stirbt 1953 in Garmisch. Die Villa von 1909 wird im Krieg bis auf das Erdgeschoss zerstört, aber unter Beibehaltung der Proportionen und Wiedererrichtung wichtiger Elemente geschickt neu aufgebaut.

Folgt man dem Albansberg nach rechts Richtung Stadtpark, erhebt sich nach so viel feiner Baukunst plötzlich wie eine mächtige Wand ein trutziges Objekt, eine jegliche bauliche Dimension sprengende Monstrosität, die sich wie ein nach allen Seiten abweisender dunkler Riegel zwischen die Gärten der Karlsschanze und der Abtsgasse im Park geschoben hat. Sicher ist es ein Traum, in diesem Bau im Grünen zu leben, aber mehr doch ein Albtraum darauf zu schauen.

Unterhalb der Abtsgasse befindet sich seit fast 100 Jahren der Rosengarten mit rund 4500 Rosen in 100 Arten. Angelegt wird er 1925 für die große deutsche Rosenausstellung, zehn Jahre später dann nochmals erweitert und 1962 unter Denkmalschutz gestellt. Vor einigen Jahren wird der Rosengarten saniert, zeigt sich als wunderbarer Ort zum Flanieren und bietet an den Weinmarktwochenenden Quartier für den Künstler- und den antiquarischem Büchermarkt.

Rosengarten während der großen deutschen Rosenschau 1925.

Werbekarte für die Bebauung des Baublocks I auf Fort Karl.

182 Albansberg und Steig

Geschichtsträchtiger Boden am Stadtpark

Alte Villenviertel haben es so an sich, dass sie Ruhe und Geborgenheit ausstrahlen. Häufige oder ständige Polizeipräsenz will da nicht so recht passen. Wenn dann an einem ruhigen Sträßchen wie An der Karlsschanze oberhalb des Stadtparks gar ein Polizei-Wachcontainer steht, dann erzählt das eine Geschichte. 30 Jahre ist es her, dass Kurden das türkische Konsulat dort stürmen und alles kurz und klein schlagen.

Es ist Mittwoch, der 11. März 1993, als rund 150 Männer und Frauen aus Protest gegen schwere türkische Luftangriffe auf kurdische Dörfer am Konsulat Scheiben einwerfen, Geräte und Mobiliar zerschlagen und sich mit Mitarbeitern prügeln. Das Wachpersonal gibt Warnschüsse ab, und nur unter Aufbietung aller Kräfte gelingt es der Polizei, das Gelände der Villa Ecke Karlsschanze/Albansberg zu umstellen und die Flucht der meisten Angreifer zu verhindern. Über 100 werden beim Verlassen des Konsulats festgenommen.

Seit jenem März-Tag wird das Gebäude überwacht, zunächst von Bereitschaftspolizisten, die ihre Wache in einem klimatisierten Wohnwagen haben. Als aber 2017 das Präsidium Mainz die Aufgabe erhält, nimmt die BePo ihren Wohnwagen mit, weshalb die Polizistinnen und Polizisten des zuständigen Altstadt-Reviers

AZ-Titel vom 12. März 1993 mit dem Bericht über die Erstürmung des türkischen Konsulats.

Tragischer Tod des Segelflug-Weltmeisters Reichmann / Siehe Panorama

Allgemeine Zeitung
MAINZ

Rhein-Main-Presse

Redaktion: (06131) 144-0, Anzeigen: 144-144, Zustellung: 144-544
Nr. 61 / 142. Jahrgang

Preis 1,20 DM
Donnerstag, 12. März 1992

Kurden verwüsteten in Mainz türkisches Konsulat

Aktionen in mehreren Städten / Protest gegen Luftangriffe

bl. MAINZ/FRANKFURT (Eig. Bericht/dpa) — In mehreren deutschen Städten haben gestern Demonstranten türkische Konsulate gestürmt. In Mainz berichtete ein Polizeisprecher von mehr als 100 Personen — überwiegend Kurden —, die das türkische Generalkonsulat attackierten. Die zumeist jungen Leute rückten unter „Kurdistan-Kurdistan"-Rufen vor, warfen die Scheiben ein, drangen in die Büroräume ein und demolierten Mobilar und sonstige Einrichtungen. Die Angestellten flüchteten in den Keller.

Das Wachpersonal des Konsulates gab mehrere Warnschüsse ab. Bei Rangeleien wurden ein türkischer Bewacher, eine kurdische Frau und ein Polizist leicht verletzt. Als Begründung für ihre Aktion nannten die Eindringlinge die fortgesetzten Angriffe der türkischen Luftwaffe auf kurdische Dörfer.

Insgesamt nahm die Polizei 102 Personen vorläufig fest. Die Staatsanwaltschaft hat angekündigt, gegen den „harten Kern" Anklage wegen Landfriedensbruches zu erheben.

Auch in Frankfurt bewarfen Demonstranten das türkische Konsulat mit Steinen. Die etwa 50 Kurden waren mit zwei Klein-Lastwagen gekommen. Vor der Vertretung ließen sie eine Fahne der kurdischen Freiheitsbewegung zurück. Bei einer Großfahndung seien 21 Personen vorläufig festgenommen worden, berichtete die Polizei.

Bei einem Anschlag auf eine türkische Bank in Nürnberg entstand ein Sachschaden von etwa 100 000 Mark, nachdem eine Gruppe von Männern das Gebäude gestürmt und mit Hämmern und Stuhlbeinen die Inneneinrichtung zerstört hatte. Menschen kamen dabei nicht zu Schaden.

Vor dem Büro der Fluggesellschaft „Turkish Airlines" in Köln hatten sich etwa 50 Kurden versammelt. Sie verteilten Flugblätter, auf denen der türkischen Regierung vorgeworfen wurde, mit den Angriffen versuche sie, das Kurdistan-Problem einer „Endlösung" zuzuführen.

Mit Parolen für ein freies Kurdistan auf den Lippen wurden die Demonstranten gestern von Polizisten aus dem türkischen Konsulat in Mainz geleitet. Zuvor hatten die Kurden das Konsulat gestürmt und mehrere Räume verwüstet. Bild: Jörg Henkel

in einem VW-Bus Wache schieben müssen. Im Winter mit Standheizung, aber im Sommer schwitzen die Beamten und Beamtinnen unsäglich. Erst als der Protest immer lauter wird, sich auch die AZ einschaltet, kommt nach über zwei Jahren endlich die versprochene Containerwache.

Das ist kurz vor der Einmündung in die Straße Auf dem Albansberg, die bogenförmig von der Abtsgasse zur Straße Am Rosengarten verläuft. Und der Albansberg ist selbst für Mainz, wo man auf Schritt und Tritt auf historischem Boden wandelt, in besonderem Maß geschichtsträchtig. Einst römisches Gräberfeld,

Die Straße Auf dem Albansberg in einer auf nächtliche Stimmung getrimmten Karte.

Die gleiche Häuserzeile wie bei der „Nacht"-Postkarte, aber in Gegenrichtung.

wird hier im 5. Jahrhundert die erste Albanskirche errichtet, ab dem 8. Jahrhundert ein neuer Kirchenbau und ein Kloster. Und noch bevor das Albanskloster fertiggestellt ist, lässt Karl der Große seine früh verstorbene dritte Gattin Fastrada 794 hier bestatten, und auch Erzbischof Rabanus Maurus findet hier seine letzte Ruhe.

Im 16. Jahrhundert wird St. Alban zerstört und nicht wiederaufgebaut, aber der Boden birgt Zeugnisse. Als die Straße 1908 angelegt wird, können Gräberfeld und Grundmauern der Kirche ausgegraben werden, wobei die Lage des Chors auf dem Gehweg zwischen den Hausnummern 2 und 9 markiert ist. 1909 entstehen hier die ersten Häuser, die Nummern 1, 8, 10 und 12 erbaut der Mainzer Architekt Adam J. Freitag in verschiedenen stilistischen Ausprägungen.

Die erste Bebauung im Grüngürtel nach Aufhebung der Umwallung findet sich ein Stück weiter an der steilen Straße Auf der Steig. Sie wird angelegt auf dem Gelände des einst zum Neutor führenden, 1906 niedergelegten Walls der südlichen Stadtbefestigung am ehemaligen Fort Karl. Hier, wie später auf der Kartaus, ist die „Reichskommission für die Mainz-Kasteler Festungsgrundstücke" Bauherr, und auch diese drei Doppelhäuser und ein Einzelhaus werden vom hauseigenen Architekten Paul Kubo entworfen. Die Bewohnerschaft ähnelt der auf der Kartaus, also Militärs und Kaufleute, in der Nr. 12 wohnt aber auch ein hoher städtischer Amtsträger – Gartendirektor Wilhelm Johann Karl Schröder (1862-1945).

Als Stadtgärtner Born 1887 stirbt, holt die Deputation für Gartenbau ein Jahr später Schröder nach Mainz, den erst 26-jährigen Obergärtner des Frankfurter Palmengartens. Später wird er Leiter der Stadtgärtnerei, die dem Tiefbauamt unterstellt ist, und als 1902 die Gartenverwaltung unabhängig wird und direkt der

Das Alicekrankenhaus vor der dem 1. Weltkrieg.

Großherzoglichen Bürgermeisterei unterstellt wird, da ist Wilhelm Johann Karl Schröder der erste Mainzer Gartendirektor - er bleibt es 25 Jahre bis zu seiner Pensionierung.

Als in den 1890ern noch zögerlich die Schleifung des inneren Festungsringes beginnt, erst mit den Stadttoren (Neutor 1894 und Gautor 1896), erhält der Gartenbau ganz neue Möglichkeiten. Erst recht mit Auflassung der gesamten Umwallung. Auch nach dem 1. Weltkrieg ist Schröder tätig, plant die Spazier- und Freizeitanlage am Linsenberg unterhalb der heutigen Unimedizin. Treppen und Wege sind dort erhalten.

Das älteste Gebäude der Gegend liegt ganz unten an der Steig – das DRK-Schmerzzentrum, bei älteren Mainzern als Alicekrankenhaus bekannt. Eröffnet wird 1906 erst das Aliceheim der DRK-Schwestern, ein Jahr später die Klinik, die bis 1981 in Betrieb ist.

Das Haus geht zurück auf den Mainzer Alice-Frauenverein für Krankenpflege von 1870, aus dem die DRK-Schwesternschaft hervorgeht. Namensgeberin ist die junge Großherzogin Alice von Hessen, Tochter der britischen Queen Victoria. Alice setzt sich für Frauen ein, für Bildung, aber auch für Erwerbsmöglichkeiten bei Post und Bahn, vor allem aber in der Krankenpflege. Die wird bis dahin karitativ betrieben, nun ist sie ein bezahlter Beruf. Das alles macht die Großherzogin, die auch selbst am Krankenbett steht, äußerst beliebt.

Die erste Bewährungsprobe für die Schwestern ist der Deutsch-Französische Krieg 1870/71, als Mainz größter deutscher Verbandsplatz ist – für Deutsche wie Franzosen. Erst in einer Güterhalle am Centralbahnhof am Holzturm, dann am Bahnhof Gartenfeld, etwa da, wo heute die Stadtwerke sind. 146 000 Verwundete werden versorgt – auch von den Alice-Schwestern.

Der Eingang zum Alicekrankenhaus in der Straße Am Frankenhag.

Die Großherzogin erlebt das weitere Gedeihen der Schwesternschaft nicht mehr, denn im Neuen Palais zu Darmstadt ereignet sich 1878 eine Tragödie. Als fünf ihrer sechs Kinder an Diphtherie erkranken, eine damals oft tödliche Infektion im Rachenraum, pflegt die Großherzogin sie liebevoll, steckt sich an und stirbt bald nach ihrer vierjährigen Tochter Marie mit nur 35 Jahren. Aliceplatz, -straße und -brücke, eine Kaserne und eben das Krankenhaus tragen zur Erinnerung an diese große Frau ihren Namen.

Als die südwestliche Stadterweiterung ansteht, wird die Klinik nebst Ausbildungsstätte und Internat für angehende Pflegekräfte auf dem Glacis – dem freien Vorfeld – des Fort Karl errichtet. Die Belegklinik vor allem für Gynäkologie und Hals-, Nasen-, Ohrenkrankheiten wird im 1. Weltkrieg Lazarett, rüstet auch einen Lazarettzug aus und entsendet Schwestern in den Heeresdienst. Im 2. Weltkrieg wird das Haus 1945 zerstört. 1949 wird im Schwesternhaus ein Notbetrieb mit 35 Betten eröffnet, und 1952 geht die neu aufgebaute Klinik mit 100 Betten, zwei OP-Sälen und Kreißsaal in Betrieb.

Die Mainzer mögen das kleine, schön gelegene Krankenhaus, aber um 1970 setzt das DRK als Betreiber auf einen Neubau im Gonsenheimer Wald. Außer der Klinik soll zwischen Kapellenstraße und Carlo-von-Mierendorff-Straße eine Krankenpflegeschule, das Mutterhaus und ein Altenwohnheim für pensionierte Alice-Schwestern entstehen. Der erste Abschnitt ohne Klinik ist 1972 fertig, aber dann ändert sich die Versorgungslandschaft. Erst wird nach den Eingemeindungen 1969 ein DRK-Krankenhaus an der Süd-Zufahrt zum Lerchenberg geplant, bis man die kleinen Kliniken doch aufgibt – 200 Betten im Mombacher Rochus und im Alice-Krankenhaus.

Dafür erhält Mainz mit dem DRK-Schmerz-Zentrum eine Modellklinik von Bund und Land, ab 2001 mit Tagesklinik. Eine in dieser Form und Größe einzigartige Sache.

Die Häuser Auf der Steig Nr. 2 und Nr. 6

US-Luftbild 1918: Unten mittig der Stern der Zitadelle, links leicht oberhalb die Wilhelmiterstraße, daneben in großem Bogen die Salvatorstraße, die nach der Kreuzung mit Steig, Rosengarten, Ritterstraße und Drususwall in die Hechtsheimer Straße übergeht, die dann fast senkrecht nach oben führt. Der große Komplex oberhalb der Zitadelle nach rechts oben sind Elisabethen- und GFZ-Kaserne (heute MKM bzw. Biontech), rechts am Rand Radrennbahn am Fichteplatz.

183 Salvator- und Wilhelmiterstraße

Rabanus Maurus und Thomas Tuchel

Wer aus der Grebenstraße ins Kalte Loch, also in die Domstraße einbiegt, den grüßt von der Ecke der Mainzer Erzbischof Rabanus Maurus (780-856), umringt von einer Kinderschar. 70 Jahre alt ist die Figurengruppe, aber hier, unweit Doms, steht sie erst knapp 15 Jahre. Der alte Bischof zieht Anfang 2008 hierher, weil ihm sein alter Standplatz quasi unter den Füßen weggerissen wird. In der oberstädtischen Wilhelmiterstraße.

Rabanus Maurus ist sozusagen der erste Nachkriegsbewohner der im Schatten der Zitadelle liegenden Straße. Vorm Krieg steht hier nur das Haus eines Kaufmannes auf der von oben

Der Kinderhort der Diakonie mit dem Standbild des Rabanus Maurus.

gesehen rechten Seite, die Nr. 6, ansonsten ist die Gegend um Wilhelmiter- und Salvatorstraße lange wenig bebaut. Selbst heute ist die Bebauung trotz einiger dominanter Neubauten nicht sehr dicht.

1914 nach dem einstigen Wilhelmiterkloster benannt, verläuft die Straße auf dem zugeschütteten äußeren Graben der Zitadelle. Davon soll bis heute linker Hand ein Stück der Mauer zeugen, die zur Futtermauer der Escarpe gehört, also der inneren Grabenwand. Das erste Gebäude in der Wilhelmiterstraße nach dem Krieg ist die Lutherkirche auf dem „schönen Berg", einem Geländevorsprung am Zitadellenweg, die am Reformationstag 1949 eingeweiht wird.
Bei der Lutherkirche handelt es sich um eine der Bartning-Notkirchen, die ab Oktober 1948 vielerorts in Deutschland eingeweiht werden. Dieses Notprogramm des evangelischen Hilfswerks soll Ersatz schaffen für die unzähligen zerstörten Kirchen. Die Mittel müssen einfach sein, die Bauzeit kurz, und so entwickelt Architekt Otto Bartning ab Ende 1947 ein weitgehend standardisiertes Kirchenmodell mit vorgefertigten, genormten Einzelteilen, alles in Leichtbauweise, aber ohne den Charakter des Provisoriums.

Die 1949 eingeweihte Lutherkirche.

Es gibt zwei Grundtypen, wobei die Lutherkirche zum Typ B, „Saalkirche mit Satteldach", in der Variante mit angemauertem Altarraum gehört. 43 Bartning-Kirchen werden in Deutschland in kurzem Abstand erbaut und eingeweiht, in Mainz ist die Lutherkirche überhaupt der erste Nachkriegskirchenbau. Die innere Holzkonstruktion ist tragend, sodass das Mauerwerk aus beliebigem Material gefertigt werden kann und hier mit Bruchsteinen die benachbarte Zitadelle zitiert.

Vom ersten Plan bis zur Fertigstellung geht es in jener Zeit rasend schnell: Am 13. September 1948 stellt die Evangelische Gesamtgemeinde den Antrag auf Baugenehmigung, und während der noch läuft, ist im November schon erster Spatenstich, im Dezember Grundsteinlegung, und als der Antrag am 8. März 1949 genehmigt wird, ist der Bau in vollem Gange. Einweihung am 6. November 1949, endgültige Fertigstellung mit Orgel, Glocken, Gemeinderäumen im Mai 1950.

Der Name leitet sich von der Martin-Luther-Straße mit dem Siedlungsprojekt des Luther-Bauvereins ab. Der geht zwar Anfang der 1930er in einem kleinen Bauskandal zugrunde, aber der Name der 1930 gegründeten Gemeinde bleibt. Eine Kirche hat man nicht, die Gemeinde geht auf Wanderschaft: Hechtsheimer Straße 20, Am Rosengarten 10 und Auf der Steig 4. Die Stadt bietet zwar Grundstücke für den Kirchbau an, etwa Neumannstraße 15-17 oder Ecke Hechtsheimer/Stiftswingert, bis dann 1949 die Lutherkirche eröffnet wird. Die Gemeinde selbst ist ab den 1970ern in der Naumann-Straße ansässig.

Am anderen Ende der Wilhelmiterstraße, genauer gesagt an ihrem Beginn an der Eichelsteinstraße baut die katholische Konkurrenz, allerdings keine Kirche. Der Caritasverband der Diözese Mainz errichtet hier den Kinderhort Rabanus Maurus und eine der ersten Erziehungsberatungsstellen der Bundesrepublik. Mitte der 1960er wird der Kinderhort nicht mehr in den Adressbüchern geführt, aber die Beratungsstelle bleibt bis 2006. Dann legt man sie mit der Ehe- und Familienberatung zusammen.

„Knappe Ressourcen, weniger Geld", ist damals die Begründung für die Aufgabe des Standorts, doch ein anderer Grund ist sicher, dass das Haus Nr. 5 ein gut verkäufliches Filetgrundstück ist. Damit sind die Tage des statt-

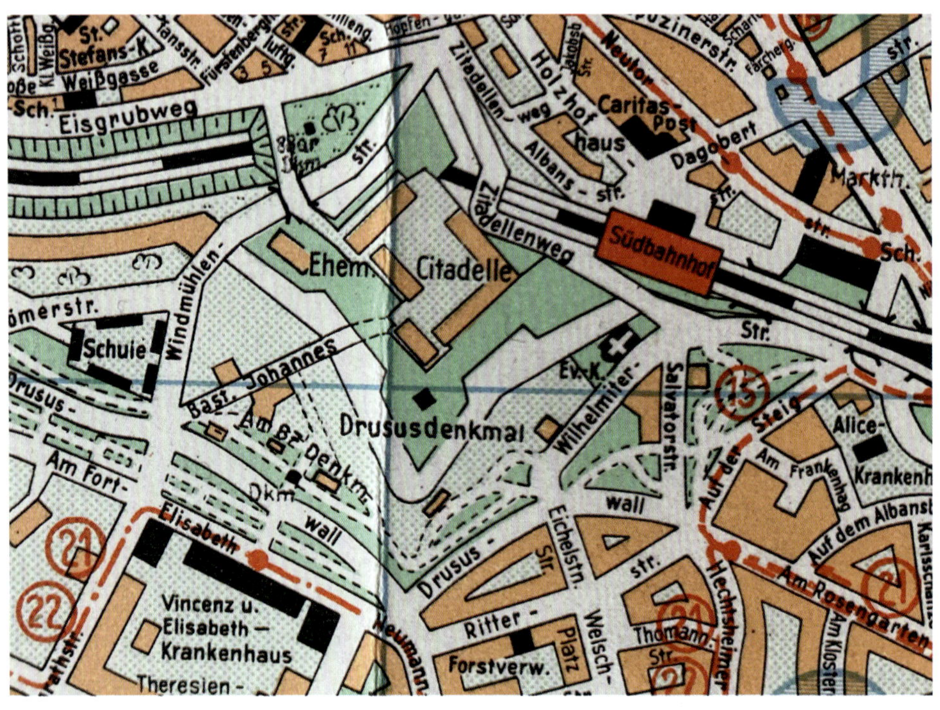

Stadtplan von 1954, die Gegend um die Wilhelmiterstraße ist noch so gut wie unbebaut.

Luftbild aus den 1960ern. Die Wilhelmiterstraße mit den Bungalows verläuft diagonal durch die untere Bildhälfte, links Zitadellengraben, in dem zahlreiche Menschen in Wohnwagen leben, darüber Lutherkirche, schräg rechts oberhalb Villa Werner rechts unten der Kinderhort Rabanus Maurus.

lichen und formschönen Hauses gezählt. Breit gelagert, horizontale Gliederung mittels verschiedener Fensterformen, weit auskragendes flaches Walmdach, halbrunder Speisesaal-Anbau – Stil der frühen 50er, aber leider nicht wertgeschätzt. Bis auf die 2,50 Meter hohe Eckskulptur von Rabanus Maurus, der übrigens unweit von hier, Am Albansberg, einst seine letzte Ruhestätte fand.

Die Figur des „Praeceptor Germaniae", des „Lehrer Deutschlands", wird erst in der Rabanus-Ausstellung des Dom- und Diözesanmuseums gezeigt. Dann wird das Kunstwerk aus elf hohlen Tonblöcken auf Initiative von Diözesankonservator Hans-Jürgen Kotzur durch die Dombauhütte an der Ecke Dom- und Grebenstraße aufgestellt.

Ab 1955 hinterlässt das Wirtschaftswunder rund um den Kinderhort architektonische Spuren in Form von großen walmbedachten Winkelbungalows. Frauenarzt Dr. Paul Götz mit Praxis am Markt 19 baut hier die Nr. 3, Dr. Paul Mosler, Chef der Inneren am Vincenz- und Elisabeth-Hospital die Nr. 11 und die Nr. 9 gehört Wolfgang Jung, Direktor der Mainzer Aktienbier-Brauerei.

Als Familie Jung 1955 hier einzieht, hat sie schwere Jahre hinter sich. 1942 wird die Brauerei großteils zerstört, das Wohnhaus auf der gegenüberliegenden Bastei schwer beschädigt, aus dem die Familie dann Ende 1945 verwiesen wird. Man zieht zum Bruder Otto ins Nachbarhaus, dann müssen auch da alle raus, ziehen in den MAB-Luftschutzkeller, wo Otto Jung erkrankt und stirbt. Dazu kommt die Sorge um Wolfgangs Sohn Helmut in russischer Gefangenschaft, der schleppende Aufbau der Brauerei – erst Ende der 40er geht es aufwärts. Und 1955 bezieht man das moderne Haus.

Von den fünf dieser Villen stehen heute nur noch drei, aber es bleibt die Hoffnung, dass jemand Sinn für die Architektur jener Zeit hat und die Häuser erhält. Die Nr. 9 steht noch und auch die Nr. 7, die einst OB Franz Stein gehört, der vom Rosengarten 17 hierherzieht. Der wohl berühmteste Bewohner der Straße wohnt ein paar Jahre in der Nr. 5. Dort, wo bis zum Abriss des Caritas-Hauses Rabanus Maurus, der „Lehrer Deutschlands" steht, hat im späteren Neubau ein Fußballlehrer sein Zuhause – Thomas Tuchel. Der spätere Pokalsieger mit Dortmund, Meister mit Paris, Champions League-Sieger mit Chelsea und Welttrainer 2021 lebt hier zu seiner Trainerzeit bei Mainz 05 (2009-2015) und ab und an radelt er durch die Parks zum Bruchweg, stets freundlich zurückgrüßend.

Die Wilhelmiterstraße mündet an der Lutherkirche in die Salvatorstraße. Die kommt von der Rheinstraße, geht hier in eine scharfe Kurve, um an der Kreuzung Rosengarten und Ritterstraße in die Hechtsheimer Straße überzugehen. In der Kurve schon fällt eine Bruchsteinmauer auf, die sich die Straße entlang zieht und hinter der sich eine 1980er-Jahre-Wohnanlage mit hohen verschieferten Mansarddächern zeigt. An der Salvatorstraße hat sie ein übergiebeltes Sandsteintor mit seitlichem Törchen, neben dem ein ovales Schild prangt – Rudolf Karolus Sektkellerei.

Bevor das erste Nachkriegsadressbuch 1949 den Sektproduzenten an dieser Adresse führt, ist hier Weingroßhändler und Weingutsbesitzer Werner ansässig. Er erbaut auch 1913 die zur Bruchsteinmauer passende, einst hier stehende Villa im Stil der wilhelminischen Ära, als das Großbürgertum gern zeigt, dass man selbst ohne Adelstitel ein Schloss errichten kann. Hier in der Salvatorstraße gehört auch ein Turm, einem Bergfried gleich dazu.

Das hochherrschaftliche Gebäude übersteht den Krieg, Karolus wird hier ansässig, um aber in den 60ern seinen Sitz in die Emmerich-Josef-5 zu verlegen. Da bleibt man bis zum Aus 1988, aber so wie das Schild an der Salvatorstraße von der Kellerei kündet, so finden sich am letzten Firmensitz an den schönen Türblättern der Toreinfahrt die Initialen in den Fenstergittern.
Und noch etwas ist von Karolus geblieben: Der Sekt mit glitzerndem Goldflitter, den heute die Goldhand-Sektkellerei herstellt. Die Villa an der Salvatorstraße geht in den 70ern an den Gerling-Konzern, der sie wohl abreißt, weil die Wohnanlage profitabler ist.

Am 22. März 1945 eroberten die Amerikaner Mainz, hier geht Infanterie mit Panzerunterstützung in der Wilhelmiterstraße vor.

Der gleiche Blickwinkel wie auf dem vorangegangenen Bild. Das Tor steht noch, die Villa ist längst verschwunden.

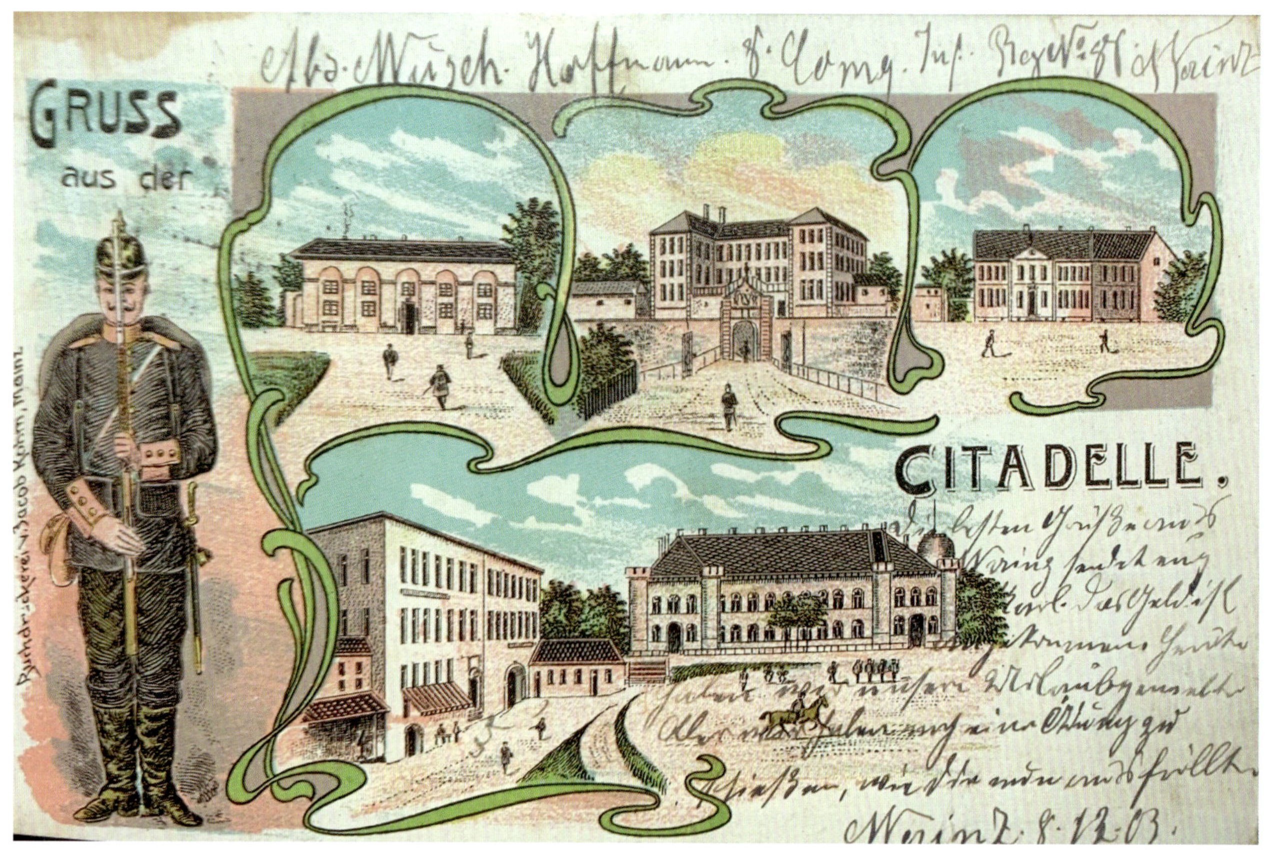

Die Lithographie-Ansichtskarte wird 1903 verschickt.

184 Zitadelle I

Abrisspläne, Krieg und Verfall

Hoch über der Altstadt thront die Zitadelle. Schön und mächtig, und gerade deshalb ist es verwunderlich, für wie viele Jahrzehnte das Bauwerk fast völlig aus dem Blick der Öffentlichkeit verschwindet. Kriege, Beschießungen und Besetzungen können dem Kern der Feste in Jahrhunderten nichts anhaben, aber das mangelnde Interesse, die Vernachlässigung geben das größte Mainzer Flächendenkmal dem Verfall preis. Bis vor knapp 20 Jahren die Rettung des Bauwerks beginnt, das übrigens schon einmal in Friedenszeiten der Zerstörung sehr nah gewesen ist.
„Das gepanzerte Dornröschen auf dem Jakobsberg", so schreibt Christian Kayser, Autor des Werks „Mauern, Wälle und Gewölbe – Die Zitadelle von Mainz" treffend über Optik und Zustand des Bauwerks zu Beginn der 2000er-Jahre. Romantisch verwildert und ökologisch wertvoll zeigt sich der südöstliche Zitadellengraben, doch die Natur ist auch eine Gefahr. Das Wurzelwerk der auf den Wällen oberhalb der Mauerkrone wachsenden Bäume sprengt langsam das Bauwerk, während die Bäume, die aus der Mauer herauswachsen, ganze Mauerpartien zum Einsturz bringen können. Es braucht mehr als einen Prinzen, um Dornröschen zu retten, das in ein paar Jahren 375 Jahre alt wird.
Um 1655 beginnt der Bau der Zitadelle auf dem Jakobsberg. Der ist seit dem Mittelalter befestigt, dann entsteht im Dreißigjährigen

Die Benedictiner-Kaserne ist der letzte Rest des Jakobsbergklosters, wird aber um 1908 abgetragen.

Krieg die Schweikhardtsburg, bevor unter Kurfürst Johann Philipp von Schönborn Mainz zur barocken, sternförmigen Festung ausgebaut wird. Mit der Zitadelle als zentralem Bestandteil. Dessen ungeachtet bleibt das Kloster auf dem Jakobsberg bestehen, dessen Wurzeln bis 1050 zurückgehen.

Wer heute über die Zitadelle schlendert, findet nur noch einen eher unscheinbaren Gebäudeteil aus der frühesten Phase der Festung. Es ist der kleine, terrassenartige Anbau nördlich des Kommandantenbaus. Denn das repräsentative Gebäude überm Haupttor entsteht erst deutlich nach Bastionen und Wällen, kurz vor

Die Citadellen-Kaserne, heute Bau C, entstand um 1860 für rund 500 österreichische Soldaten.

der Wende zum 18. Jahrhundert. Bis dahin ist die Kommandantur im Kloster untergebracht, was beim Bedürfnis der Mönche nach innerer Einkehr für manchen Streit sorgt. Überhaupt nimmt das Kloster weite Teile der inneren Festungsfläche ein, und es wird mitnichten an eine Verlegung gedacht. Im Gegenteil: Es werden sogar neue Bauten errichtet, weitere geplant.

Bei der Zitadelle handelt es sich um einen klassischen Festungsstern mit vier Bastionen, die exakt nach den Windrichtungen ausgerichtet sind: Germanicus oberhalb des Römischen Theaters nach Osten, Drusus am Zitadellengraben blickt gen Süden, Tacitus am oberen Ende der Windmühlenstraße gen Westen und Alarm an der Windmühlenstraße/ Ecke Zitadellenweg nach Norden. Die Diagonale zwischen Drusus und Alarm beträgt 423, von Tacitus bis Germanicus 426 Meter. Die leicht geböschten und bis zum Cordongesims acht bis zehn Meter hohen Umfassungsmauern messen 1,5 Kilometer Länge.

So zeigt sich die Zitadelle als kampfbereites und auch kampfstarkes Bauwerk, aber als im Oktober 1792 die französischen Revolutionstruppen Mainz erreichen, nehmen sie die Festung kampflos ein. Erst im Jahr darauf, als die Koalitionstruppen unter preußischer Führung zur Rückeroberung der Stadt ansetzen, hagelt es Granaten. Bei der Beschießung werden nicht nur wertvolle Teile der Innenstadt zerstört, sondern auch etliche der Gebäude des Jakobsberg-Klosters. Der Konvent zieht ins Altmünsterkloster und kehrt nicht zurück, denn die 1797 wiedergekehrten Franzosen heben 1802 alle Klöster auf, verstaatlichen deren Besitz und versteigern diesen alsbald zugunsten ihrer Staatskasse.

Nun werden auch die erhaltenen klösterlichen Gebäude, Abts- und Fremdenbau, militärisch genutzt. Aber erst mit dem Abzug der Franzosen und der Übernahme von Mainz und Zitadelle durch Preußen und Österreicher beginnt eine größere Bautätigkeit, und der militärische Charakter dominiert endgültig: Der Kommandantenbau wird 1835 um ein Stockwerk erhöht, dabei das barocke Mansarddach, einst das erste seiner Art in Mainz, schnöde entfernt. Ein Schicksal, das zu jener Zeit auch den Schönborner Hof ereilt, der seine Rollwerkgiebel verliert. In beiden Fällen wird nach der Zerstörung der Gebäude im 2. Weltkrieg von den Franzosen oder auf deren Betreiben der historische Zustand wiederhergestellt.

Der Barockgarten zwischen Germanicus und Drusus wird Ende der 1850er Jahre abgeräumt, dafür entsteht dort nach 1860 die Citadellen-Kaserne, der heutige Bau C, für 500 österreichische Soldaten. Lange bleiben die Weißberockten nicht mehr in Mainz, denn mit

Vom Haupteingang ging es über eine Brücke den Zitadellenweg hinunter in die Stadt. Von dort blickt man auf den Tunnelmund, der zur Dampflokzeit immer qualmte.

dem preußisch-österreichischen Bruderkrieg von 1866 verlassen beide Mächte die Bundesfestung Mainz, wobei die Habsburger nach Preußens Sieg nicht mehr wiederkehren.

Im Kaiserreich werden die Wallkronen befestigt, dann entsteht ein Offiziershaus, und dort, wo sich heute Bau D mit Zitadellen-Café und Stadthistorischem Museum befindet, ein Wirtschaftsgebäude mit Kantine für die Mannschaften. Doch dann beginnt ab Ende des 19. Jahrhunderts langsam die Entfestigung der Stadt. Und als 1905 der Kaiser höchstselbst die Ordre zur Aufhebung aller Befestigungen erlässt, stellt sich die Frage, ob man die Festung noch benötigt. 1906 gibt es nicht nur erste Pläne für den Abriss, sondern auch für das, was danach entstehen soll.
So sollen nur Kommandantenbau, Bastion Germanicus und Drususstein erhalten bleiben, während der Westteil der Kaserne am Eisgrubweg zufällt. Von Südosten Richtung Südwesten soll ein grünes Wohnviertel entstehen, dessen großzügige Blocks sich wie an einer Perlen-

Anstelle der Benedictiner-Kaserne entstand etwas versetzt das Doppelkompanie-Gebäude.

Das Gefangenenlager verfügte im Ersten Weltkrieg über einen Tennisplatz, Billardsäle, einen Laden für die Gefangenen und noch mehr Annehmlichkeiten.

schnur aufgereiht hoch zum Fort Elisabeth ziehen sollen.
Doch soweit kommt es nicht: 1907 wird die Zitadelle unter Denkmalschutz gestellt, allerdings werden die letzten Reste des Jakobsklosters, nun Benedictiner-Kaserne, abgetragen. An ihrer Stelle, nur ein Stück weiter zum Plateau, wird 1914 die Doppelkompaniekaserne (heute Bau E) erbaut. Wenigstens werden Fenstergewände und Portalumrahmungen der Barockbauten übernommen.

Kurz zuvor erhält die Zitadelle einen Eingang vom Eisgrubweg her. Hierfür wird eine Brücke über die in der Senke zwischen Windmühlenberg und Jakobsberg neu erbaute Windmühlenstraße errichtet.
Kaum ist die Doppelkompaniekaserne fertig, wird die Zitadelle im Ersten Weltkrieg Gefangenenlager für alliierte Offiziere. Vor allem Franzosen sind hier untergebracht, wobei die Verhältnisse als kommod zu bezeichnen sind: Die Offiziere behalten ihre Burschen – eine Art Ordonanz –, verfügen über Tennis-, Fußball- und Hockeyplatz, einen Laden, in dem mit Zitadellengeld bezahlt wird, es gibt Konzerte und Theater.

Der berühmteste Gefangene ist Verdun-Held Major Sylvain Eugène Raynal. Er ist Kommandant des eingeschlossenen Fort Vaux bei Verdun, der kapituliert und so das Leben Hunderter seiner Männer rettet. Eine mutige Tat in einer Zeit, da Kapitulation oft als Feigheit ausgelegt wird. 1916 kommt er auf die Zitadelle, wird nach dem Krieg Stadtkommandant, bevor er nach Frankreich zurückkehrt. Und sowohl sein Sohn als auch sein Enkel verlieren bei späteren Besuchen ihr Herz an Mainzerinnen. Patrick Raynal, der Enkel, lebt noch heute hier, hat den Nachlass des Großvaters, an den in Frankreich viele Straßen, Plätze und Denkmäler erinnern, an Wolfgang Balzer, Gründer des Garnisonsmuseums auf der Zitadelle, übergeben.
Sein Urteil über die Mainzer: „Ich war immer überrascht von ihrer respektvollen und eher freundlichen Haltung. Diese Bevölkerung erinnert sich, einmal französisch gewesen zu sein,

Major Sylvain Eugène Raynal, französischer Held der Schlacht um Verdun, war der wohl berühmteste Gefangene auf der Zitadelle.

Wohnraum für die Gefangenen.

und lehnt es nicht ab, dies erneut zu werden – im Gegenteil, würde ich zu sagen wagen. Auf der Straße hat man uns nicht wie merkwürdige Tiere angesehen und noch weniger als geächteten Feind. Ich erblicke etwas Mildes in ihren Augen, erwische sie beim Lächeln. Passanten, Männer wie Frauen, begleiten uns bis zur Zitadelle."

Das ändert sich ab 1919, denn als Besatzer führen die Franzosen ein hartes Regiment.

1835 wurde der Kommandantenbau aufgestockt, nach der Zerstörung 1945 erhielt er die barocke Form wieder.

185 Zitadelle II

Vom Jakobsberg nach Stalingrad

Erst Gefangene, dann Besatzer. Der Wechsel vollzieht sich rasch. Nur einen Monat nach dem Waffenstillstand und dem Rückzug der deutschen Truppen über den Rhein rückt im Dezember 1918 die französische Übernahmekommission in Mainz ein. Es sind die Quartiermacher für die Besatzungstruppen, sie übernehmen die militärischen Anlagen und damit auch die Zitadelle. Die heißt fortan Caserne Foch.
Baulich passiert während der Besetzung nicht viel, außer dass im Festungsgraben zwischen Bastion Drusus und dem hinteren Tor eine Fahrzeughalle gebaut wird. Dabei nutzt man die örtlichen Gegebenheiten und legt das Dach auf die Festungs- und die äußere Grabenmauer auf. Einige Spuren sind noch lange im Mauerwerk zu erkennen. Ansonsten wird die Zitadelle mehr für Verwaltung und Unterstützungseinheiten genutzt, denn für die militärischen Verbände gibt es nach Abzug der deutschen Truppen genug Kasernen, die besser geeignet sind als die barocke Festungsanlage.

Als 1930 die Franzosen abziehen, gründet Reformpädagoge Franz Joseph Niehaus hier das „Institut für Völkerpädagogik". Dazu gehört eine pädagogische Schau über neue deutsche und internationale Konzepte und Schultypen, eine Lehrmittelausstellung und ein Heim der Nationen. Mit dieser weltoffenen Ausrichtung ist 1933 mit der Machtübernahme der Nazis Schluss.
Sie entlassen Niehaus und richten die „Rhein-Mainische Stätte für Erziehung" ein,

Wehrmachtszeremoniell, möglicherweise die Aufstellung der II. Abteilung des Artillerieregiments 72, die später in Stalingrad untergeht.

Im 2. Weltkrieg ist die Zitadelle wieder Gefangenenlager.

eine „Fortbildungs"-, vielmehr eine Indoktrinierungseinrichtung, um Lehrern wie Schülern die NS-Ideologie einzutrichtern. Rassekunde gehört dazu, und 1934 gibt es die große Schau „Rasse-Volk-Familie". Allerdings muss die Nazi-Einrichtung weichen, als die im März 1936 ins Rheinland einmarschierte Wehrmacht die meisten einst militärischen Mainzer Gebäude für sich beansprucht. Etwa das Gouvernement am Schillerplatz, vor allem aber die früheren Kasernen und auch die Zitadelle.

Das Verzeichnis des Standorts Mainz verzeichnet 1936 auf der Zitadelle den Stab des Infanterieregiments 107 und dessen erstes Bataillon. Später kommt noch der Sanitätspark des Wehrkreises hinzu, und am 10. November 1938 wird in der Zitadelle die II. Abteilung des Artillerieregiments (AR) 72 aufgestellt – am Tag der Kristallnacht. Während die Synagogen brennen, jüdische Mainzerinnen und Mainzer gequält, ihre Wohnungen und Läden zerstört werden, beginnt hier die Geschichte der mo-

Französische Soldaten bei der Essensausgabe.

torisierten schweren Artillerie-Abteilung II./72, von der nur wenige Männer den Krieg überleben werden.

Die II./72 nimmt bald darauf Quartier in der neuen Gonsenheimer Kathen-Kaserne und zieht 1940 nach Frankreich, 1941 nach Russland. Nach dem Winter vor Moskau folgt 1942 die Steppe, der Don und dann - Stalingrad. Am 8. September vor 80 Jahren stehen die 72er unter Major Dr. Ernst Boehringer, dem Ingelheimer Unternehmer, an der Wolga.

Bald darauf wird der Major abkommandiert, seine Männer müssen bleiben – die meisten für immer. Als sich der Kessel schließt, die Rote Armee ihn immer enger zieht, sterben sie bei mörderischen Kämpfen in der Steppe, dann in den Ruinen der Stadt, viele erfrieren. Und am 2. Februar 1943 - vier Jahre, zwei Monate und 24 Tage nach ihrer Aufstellung in der Zitadelle - geht die II./ 72 unter. Von einst 700 Mann sind es in Stalingrad noch 400. Nur zwölf kehren heim.

Am 23. März 1945 gehen deutsche Soldaten auf der Zitadelle in die Gefangenschaft.

Während die Mainzer Einheiten im Krieg sind, entsteht auf der Zitadelle das Offiziersgefangenenlager Offlag XII B. Im Gegensatz zu polnischen, vor allem aber russischen Gefangenen, die als Zwangsarbeiter leiden, die man zu Hunderttausenden in Lagern verhungern lässt, in KZ vergast und auf andere Art ermordet, werden westliche Kriegsgefangene in aller Regel gemäß internationalen Konventionen behandelt. Dennoch geht es für die französischen und britischen Offiziere auf der Zitadelle nicht so kommod zu wie bei ihren Vorgängern im Ersten Weltkrieg. Tennis- oder Fußballplatz gibt es nicht und auch keinen Ausgang auf Ehrenwort.
Während in der Festung die alliierten Offiziere ausharren, flüchten sich die Mainzer in den Untergrund der Zitadelle, um den Luftangriffen von Briten und Amerikanern zu entgehen. So werden Gänge unter der Bastion Alarm als Luftschutzkeller genutzt, wofür eigens ein Zugang unterhalb der Bastionsspitze in die Mauer gebrochen wird. Gegen Druckwellen und Splitter schützt ein Betonwall vorm Eingang. Während die Mainzer hier unten Schutz finden, werden oben alle Gebäude zerstört.

Bei der US-Besetzung von Mainz am 23. März 1945 dient die Zitadelle als Gefangenensammelstelle für Wehrmachtssoldaten. Als im Sommer die Franzosen die Amerikaner als Besatzer ablösen, beginnen sie mit dem Aufbau der Gebäude – und das mit Sinn für Architektur und Geschichte. So stellen sie beim Kommandantenbau die 1835 durch Umbauten verlorene historische Form mit schiefergedecktem Mansarddach wieder her, ebenso die barocke Balustrade.

Die Citadellen-Kaserne verliert Türmchen und Zinnen, während die Doppelkompanie-Kaserne (heute Bau C) durch einen gläsernen Anbau ergänzt wird. Sie wird Lyzeum, und auf der Bastion Tacitus entsteht um 1950 eine weitere Schule in einer für damalige Verhältnisse sehr modernen Gestalt. Ein weiteres neues Gebäude ist das an der Nordwestseite zwischen Tacitus und Alarm gelegene, lang gestreckte

Der Kommandantenbau wird zerstört.

Internat (heute Bau E), in das man den alten Offiziersbau integriert. Auch dort zeigt sich schön, welche Wertschätzung die Franzosen dem örtlichen Stil entgegenbringen, wie Christian Kayser in seinem Werk über die Zitadelle („Mauern, Wälle und Gewölbe") schreibt: „Mit schiefergedecktem Mansarddach, weißer Putzfassung und Rotsandsteinelementen an den Fensterrahmen greift der zurückhaltende Bau ortstypische Elemente des Mainzer Barock auf."
Auf der Zitadelle entwickelt sich mehr als an jedem anderen Ort in der Stadt eine Insel französischen Lebens. Insbesondere, seit 1949 die Generaldirektion für Kulturelle Angelegenhei-

Die Doppelkompanie-Kaserne wird unter französischer Besatzung zum Lycee, erhält einen gläsernen Vorbau.

ten des französischen Hochkommissars ihren Sitz dort hat. Einer, der dieses Leben fasziniert betrachtet und miterlebt, ist der Mainzer Philipp Münch, Jahrgang 1930. Über sein Hobby Fotografie kommt er in Kontakt zu den Franzosen.

Nach Feierabend hilft der Elektrikerlehrling bei den Franzosen auf der Zitadelle aus: „Die lebten ganz anders als wir", schwärmt Münch noch heute, „es gab eine Bibliothek, Konzerte, Theater, Kino." Und es werden viele Feste gefeiert. Die Franzosen lassen es sich gut gehen, aber sie tun auch viel für Mainz. Sie gründen die Universität, unterstützen den Aufbau von Demokratie, Medien, Kultur und den vieler historischer Bauten. Münch erinnert sich auch an die Dreharbeiten für den deutschen Film „Fritz und Friederike" von Géza von Borsody mit Albert Lieven und der jungen Lilo Pulver anno 1951.

Verpflegungsstand bei den Dreharbeiten für „Fritz und Friederike" 1951.

1955 geben die Franzosen die Zitadelle zurück, die von der Stadt dann als Verwaltungs- und Schulzentrum genutzt wird. Als erste ziehen Baubehörde und Stadtplanungsamt in den Bau C, während die Städtische Handelslehranstalt im Bau A unterkommt. Das Adressbuch 1960 verzeichnet aber auch noch viele Bewohner auf dem Festungsgelände, möglicherweise wird angesichts der immer noch katastrophalen Wohnungsnot in der Stadt der freigewordene Internatsbau als Unterkunft genutzt. Auch der Zitadellengraben ist noch eine eigene Adresse, wahrscheinlich ist es die noch viele Jahre existierende Wohnwagensiedlung. Viele Schausteller leben dort. Aber nicht nur.
Das Stresemann-Wirtschaftsgymnasium findet später Platz im Doppelkompaniegebäude, die Höhere Handelsschule im Bau F auf Bastion Tacitus. Seit deren Auszug sind in praktisch allen Gebäuden städtische Ämter untergebracht; mit Ausnahmen: Im Bau F finden sich mit Pfarrer-Landvogt-Hilfe und dem Verein Arbeit und Gesundheit wichtige soziale Anlaufstellen, dazu kommen noch zwei wichtige kulturelle Institutionen: In der Kasematte neben dem Kom-

Die wiederaufgebaute Zitadelle in den späten 1950er Jahren, unten im Vordergrund die Holzhofkaserne, links die Eisenbahnerhäuser an der Albansstraße.

mandantenbau findet sich Wolfgang Balzers Garnisonsmuseum und unterhalb des Drusussteins das Stadthistorische Museum. Dessen Bau D mutet wie Barockgebäude an, ist aber ein Nachkriegsbau der Franzosen.

So gut sich die Zitadelle auch nutzen lässt - oder vielleicht gerade deswegen -, so geraten doch ab den 50ern die Erinnerung an die reiche Geschichte der Festung und auch ihr Zustand aus dem Fokus. Die Mauern drohen zu verfallen, bis auch durch den Einsatz der Initiative Zitadelle Mainz die Rettungsaktion für das Bauwerk einsetzt. Lange streiten Natur- und Denkmalschützer, ob Biotop oder Denkmal Vorrang haben, aber man findet einen Weg, der beides vereint.

Wer sich ein Bild aller Anlagen machen möchte, hat dazu stets im September Gelegenheit beim alljährlichen Zitadellenfest, die Zitadellen-Initiative bietet aber auch das ganze Jahr über spannende Führungen.

Die Bastion Tacitus mit der modernen Schule von 1950, links Villen an der Wilhelmiterstraße.

Die Hauptbühne beim Festival 1995, in den ersten Jahren stand sie noch rechts davon, also an der Längsseite des Platzes.

186 Zitadelle III

Jungbrunnen für die alte Festung

1975 ist ein besonderes Jahr für Mainz, ein zukunftsweisendes. Das neugebaute Brand-Zentrum schließt die letzte große Kriegslücke, die Domplätze werden Fußgängerzone und das Open-Ohr-Festival wird aus der Taufe gehoben. Wenn auch andernorts als heute und unter anderem Titel. Erst im Jahr darauf wird die Zitadelle zum Festival-Ort, und es ist wie ein Jungbrunnen für die alte Festung.

Plakat für „Hits & Antihits", dem ersten Open Ohr-Festival, damals am Jugendwerk auf dem Hartenberg.

Der Weg zum ersten Festival ist lang und von vielerlei Bedenken gepflastert. Als die AZ im November 1974 für Pfingsten ein Festival mit 4000 Besuchern ankündigt, ist vom Rathausplatz die Rede, Anfang Januar dann vom Volkspark. „Da brach ein Proteststurm los", wie sich Uli Holzhausen und Willy Müller, damals beim Jugendamt, erinnern, beides Männer der ersten Open-Ohr-Stunde.
Polizeipräsident Georg Kaesehagen sorgt sich, dass sich Leute „einfinden könnten, die durch Randalieren und Drogengebrauch die Veranstaltung stören oder umfunktionieren".
Gründezernent Hans-Georg Diehl fürchtet um den Park, und seine CDU will einen Festivalort nördlich der Mombacher Autobahn. Auch die AZ schürt Ängste: „Selbst mit mehreren hundert Polizeibeamten wäre eine solche Massenveranstaltung nicht ständig unter Kontrolle zu halten. Noch ist Zeit, ein Gelände außerhalb der Stadt zu suchen." Und die AZ habe Dutzende Leserbriefe gedruckt, erzählt Holzhausen.

Tägliche Festivalkritik wie hier 1975 gehört ebenso zum Open Ohr-Festival wie Diskussionsrunden und Arbeitsgruppen zum Leitthema.

Aber auch wenn sich Sozialdezernent Karl Delorme hinter Stadtjugendpfleger Günther Schreiber stellt, macht der Stadtvorstand einen Rückzieher. Nun fehlt ein Festivalort, bis der Stadtjugendpfarrer die Lösung präsentiert – das Jugendwerk auf dem Hartenberg. Und dort geht das Festival trotz Anwohner-Protesten über die Bühne. Der Titel: „Hits & Antihits" – nur im Untertitel taucht der Name „Open Ohr" auf.
Das Besondere beschreibt später das städtische „Mainz Magazin": „Das Jugendamt durch Günter Schreiber und Uli Holzhausen hatten ein Liederfestival geplant, bei dem die Widersprüche zwischen Einheitstrallala der Schlagermusik und dem ketzerischen Polit-Song aufgezeigt und diskutiert werden sollten ... zur Standortbestimmung des deutschen Liedes."
Das Konzept geht auf: 16 Workshops gibt es, dazu spontane Diskussionen und Arbeitsgruppen, Flugblatt- und Protestaktionen. Das ist der Unterschied zu anderen Folklore-Festivals, auch zu jenem in Ingelheim, das damals schon einige Jahre ebenfalls an Pfingsten stattfindet. Die Dauerkarte kostet 18 Mark und berechtigt auch zum Besuch der Freibäder (ob man glaubt, dass es „die Langhaarigen" nötig haben?), aber der Zuschauerboom bleibt aus. Erst am Tag 2 sind es 1800 Besucher bei der Musik von Rick Abao, Ougenweide, Politsongs von Dr. Rudolf Schwendtner und Walter Mossmann, Floh de Cologne und Dieter Süverkrüp.

Bei der Schlager-Diskussion führt unangemeldet eine Frauengruppe ein Stück auf „aus der sozialen Wirklichkeit der arbeitenden Frau und ihre Widerspiegelung im Schlager". Doch die geplante Konfrontation mit dieser Musik in Gestalt von Marianne Rosenbergs 15-jährigem Bruder Janosch endet mit brutalem Pfeifkonzert und Büchsenwürfen.
Toleranz wird also klein geschrieben, aber all die zuvor gezeichneten Horrorszenarien des Festivals treten nicht ein, muss auch die AZ zugeben: „Selbst der Leiter des Gonsenheimer Polizeireviers, Becker, der das Festival hautnah miterlebte, räumte ein: Wir sind angenehm überrascht. Die Zuschauer waren sehr diszipliniert. Wir mussten nicht ein Mal einschreiten, und auch Rauschgift haben wir nicht gefunden."
Schon im Oktober meldet die AZ „Grünes Licht für Pfingstfestival '76" und auch, dass die Mainzer Polizei bereits ihre Zustimmung gegeben habe. Diesmal ganz ohne Warnungen vor Randale und Drogenexzessen. Und Karl Delorme präsentiert ein neues Gelände – die Zitadelle.

Legendär war der Zeltplatz im Zitadellengraben – besonders, wenn es geregnet hatte.

Warum man nicht schon beim ersten Festival auf die Festung gekommen ist, lässt sich eigentlich nur damit begründen, dass sie damals tatsächlich aus dem Fokus geraten ist. Sogar bei der Stadt selbst. Aber dann soll Karl Delorme die zündende Idee gehabt haben, und er begründete seine Wahl: Die Zitadelle habe genau die richtige Beschaffenheit und Größe für eine solche Veranstaltung und liege günstig. Zeltplätze könnten in ausreichender Zahl eingerichtet werden ... und eine Belästigung der Nachbarschaft durch Lärm sei ausgeschlossen ... Bei Letzterem sollte er sich leider täuschen, denn schon bei der ersten Veranstaltung auf der Zitadelle gibt es massive Beschwerden.

Die Projektgruppe besteht damals aus Martin Degenhardt, Reinhard Hippen, Uli Holzhausen, Günter Schenk, Günter Schreiber, Tom Schroeder und Monika Winhuisen. Und sie rücken nun den heutigen Traditionsnamen in die erste Reihe, der im Vorjahr noch der Untertitel gewesen ist – Open Ohr Festival. Der Name ist eine Idee von Kabarettarchiv-Gründer Reinhard Hippen, wie Uli Holzhausen erzählt, und Hippen habe auch sein Ohr für das berühmte Plakatmotiv zur Verfügung stellt. Fotografiert hat es Viktor Brüchert, der wichtige Mainzer Fotochronist jener Jahrzehnte, dem das Stadthistorische Museum vor drei Jahren eine wunderbare Ausstellung mit tollem Katalog gewidmet hat.

„Arbeit Liebe & Traum in Liedern Chansons & Sprache" ist der Programmtitel des 2. Open

Die kleine Bühne im stets stimmungsvollen Halbrund am Drususstein, links 1978.

Ohr, und diesmal wird massiv die Werbetrommel gerührt: 11000 Plakate machen im ganzen Rhein-Main-Gebiet und in 350 Folk-Clubs auf das Festival aufmerksam. Und der Erfolg zeigt sich, denn es werden 2800 Dauerkarten à 18 Mark sowie weitere 2200 Tageskarten verkauft. Ein kurzer Auszug aus der umfangreichen Besetzungsliste offenbart zahlreiche prominente Namen:
Herbert Bonewitz, Clannad, Embryo, Hanns-Dieter Hüsch, Joana, Georg Kreisler, Volker Kriegel, Manolo Lohnes, Missus Beastly, Rote Rübe, Helmut Ruge, Christof Stählin, Hannes Wader.
Das kann sich sehen und hören lassen, und auch die Zitadelle erweist sich als Idealbesetzung. Allein die große, baumumstandene Wiese mit der Hauptbühne, die damals noch seitlich über dem Hang zum Kommandantenbau steht, ist ein Gewinn. Viele Tausend Besucher finden dort bei den großen Konzerten Platz zum entspannten Zuhören, zum Tanzen, während die Bühne im Halbrund am Drususstein ideal für kleine Konzerte ist. Für Arbeitsgruppen und Diskussionsforen gibt es lauschige Plätze, ebenso fürs intime Zweisammensein, und der Zeltplatz im Zitadellengraben ist bei altgedienten Open Ohr-Besuchern bis heute Legende. Übrigens auch die dortigen Überschwemmungen nach den fast schon traditionellen Platzregen. Dann skandiert die Menge in Woodstock-Tradition: „No rain, no rain".

Interessiertes Zuhören und ungehemmter Spaß beim Singen und Tanzen prallen beim ersten Zitadellen-Open-Ohr aufeinander und sorgen für einen Skandal, der bundesweit Schlagzeilen macht. Denn Minuten vor seinem Auftritt, er stimmt hinter der Bühne gerade seine Gitarre, sagt Hannes Wader ab. Nach dem Auftritt der irischen Folkband „Clannad" ist das Publikum außer Rand und Band, will Zugabe um Zugabe, während sich jene, die Hannes Wader hören wollten, kein Gehör verschaffen können. Als der Bühnensprecher die Menge nicht beruhigen kann, beschimpft er sie, alles eskaliert – und Wader schmeißt hin.
Musikkritiker Klaus Mümpfer ätzt dazu in der AZ: „Eine erschreckende und für die Veranstalter ernüchternde Erkenntnis hat die Absage von Hannes Wader gebracht: Interpreten und Inhalte sind für das Gros des Publikums beliebig austauschbar. Hauptsache, die Musik ist tanzbar, klatschbar und singbar."
Versöhnlich zum Ausklang der Mainzer Abend mit dem eben ins Kabarettfach gewechselten Herbert Bonewitz, Kabarettlegende Hanns Dieter Hüsch, Flamenco-Virtuose Manolo Lohnes und den Liedermachern Michael Bauer und Hans-Jürgen Schöntges. Ein großer Erfolg wie übrigens das ganze Festival, bei dem in Vorbereitung und Durchführung das ganze Jugendamt mit vollem Einsatz dabei ist, wie Willy Müller erzählt. Getränkestände, Ordner, Kasse, Zeltplatz – all das wird von ihnen gestemmt.
Dezernent Delorme, Stadtjugendpfleger Schreiber, die Projektgruppe, die Mitarbeiter und Mitarbeiterinnen der Stadt, sie alle legen 1975 und 1976 den Grundstein für eine großartige Festivalgeschichte. Karl Delorme prophezeit schon bei diesem ersten Open Ohr auf der Zitadelle: „Des Festival macht in de nächste 20 Jahr keiner mehr um." Sehr weitsichtig und dennoch viel zu bescheiden, denn 2024 kann Mainz das 50. Open Ohr-Festival feiern.

Festival-Mitbegründer Uli Holzhausen (Mitte) stellt 1975 mit Jugendlichen das erste Open-Ohr-T-Shirt vor.

Blick anno 1959 über die Tennisplätze des TSC am Ebersheimer Weg hinüber zu Hechtsheimer Straße / Laubenheimer Weg und bis zur Ketteler Siedlung.

187 Hechtsheimer Straße

Besatzervillen, Bauhaus und IBM

Es gibt kaum eine Straße, die auf ihrer gesamten Länge so anschaulich die bauliche Entwicklung seit 1910 in gut überschaubaren Abschnitten aufzeigt wie die Hechtsheimer Straße. Kaiserzeitliche Bürgervillen, Bauten für französische Offiziere, Bauhaus, Siedlungshäuser der 30er und 50er-Jahre, das aufstrebende Mainz der späteren Jahrzehnte und nun das jüngste Wohnviertel der Stadt. Die Hechtsheimer Straße ist eine der Linien, an der sich die Stadt über die Jahrzehnte nach außen entwickelt.

Früher führt die Hechtsheimer Straße von der Kreuzung mit Ritterstraße und Rosengarten bis zur Goldgrube, wo sich die Hechtsheimer Landstraße anschließt, die 1964 getilgt wird. Seither gilt der Name Hechtsheimer Straße über die Kreuzung hinaus bis raus zur Emy-Roeder-Straße kurz vor der Autobahn.

Der Beginn der Straße wird beherrscht von einem großen, weißen Doppelhaus mit begiebelten Risaliten und einem von Säulenpaaren getragenen Altan. Die linke Hälfte gehört zum Rosengarten, die rechte zur Hechtsheimer Straße, und erbaut wird es 1920 wie so viele Häuser in der Gegend für Offiziersfamilien der französischen Besatzer. Ebenso zwei Nachbarhäuser, zwischen denen ein Einzelgebäude steht. Sie wirken wie große Villen mit massiven

Dieses Doppelhaus am Beginn der Hechtsheimer Straße wird 1920 wie so viele Häuser in der Gegend für die französischen Besatzer gebaut.

Seitenflügeln, in Wirklichkeit handelt es sich um „eine auf Schlosswirkung angelegte Zusammenfassung von je drei Wohnhäusern", wie die Mainzer Denkmal-Topographie schreibt. Die Seitenflügel sind nichts anderes als quergestellte Gebäude. Sehr interessant, ebenso wie der bauliche wie gestalterische Aufwand, den die Reichsvermögensverwaltung für die Besatzer treibt.

Auf der gegenüberliegenden Seite stehen nebeneinander zwei interessante Häuser zweier interessanter Architekten, die dort ab 1929 mehr als 20 Jahre lang Nachbarn sind – Professor Christian Musel in der heutigen Nr. 105 und Peter Gustav Rühl in der Nr. 107.

Musel (1880-1963) ist Lehrer an der Kunstgewerbeschule und fertigt ab Ende der 20er Jahre

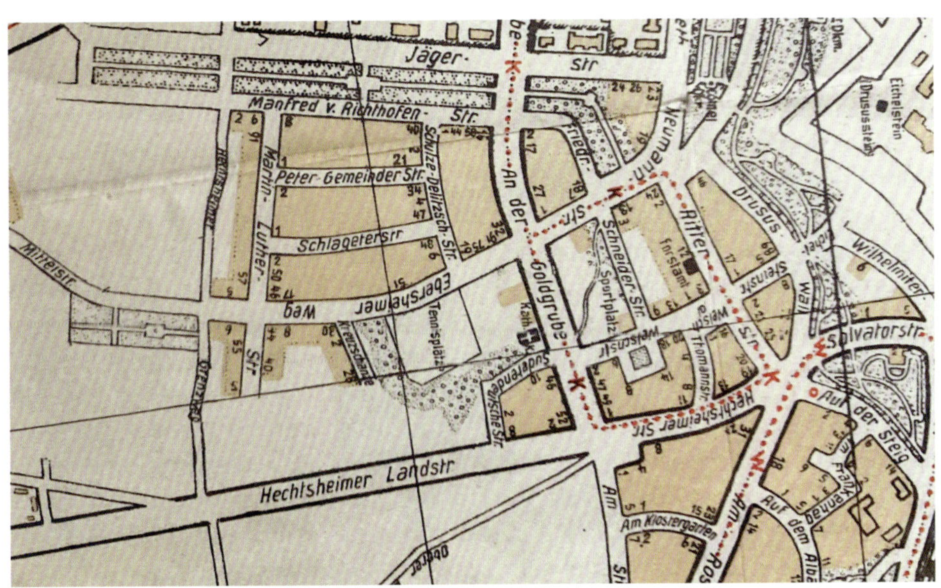

Stadtplan von 1940, die Hechtsheimer Landstraße führt durch unbebautes Gebiet.

Von links führt diagonal die Hechtsheimer Landstraße durchs von Bombenkratern übersäte Feld bis zur Kreuzung Goldgrube/Stiftswingert, dann folgt die Hechtsheimer Straße in leichtem Schwung bis zur Kreuzung Ritterstraße/Rosengarten.

auch viele Entwürfe für die Eigenheim-Kataloge der Bausparkasse Mainz. Die zeigen schlichte Siedlungshäuser mit hohem Satteldach, Einfamilienhäuser im Landhausstil oder als schlichten Kuben mit flachem Satteldach. Hier in der Hechtsheimer Straße erbaut er sich aber eines der wenigen Mainzer Wohnhäuser im Bauhaus-Stil.
Typisch ist die Tiefenstaffelung, die gelingt, indem Musel dem Baukörper einen nicht sehr tiefen Vorbau in Zimmerbreite vorlagert und das oberste Stockwerk unterm Flachdach zurücksetzt. Das Gebäude ist zumindest äußerlich weitgehend im Original erhalten, bis hin zu Balkon- und Terrassengeländer aus Eisenrohr.

Nachbar Peter Gustav Rühl gehört zu einer Architektendynastie. Großvater Peter Gustav Rühl der Ältere (1829-1904) erbaut den Palazzo in der Weißliliengasse, viele großbürgerliche Wohn- und Geschäftshäuser, davon allein elf am Fischtorplatz, in der Ufer- und der Holzstraße. Sohn Clemens (1857-1920) ist Architekt der Liedertafel in der Großen Bleiche, von Kirche und Kloster in der Himmelgasse und der Erweiterung des St. Vinzenz- und Elisabeth-Hospital auf dem Kästrich, während Sohn Peter Gustav Rühl (1883-1966) in den 1920ern viele schöne Wohngebäude für die französische Besatzungsmacht errichtet. Vor allem in der Oberstadt, aber auch der große Komplex an der Hindenburgstraße zwischen Josef- und Lessingstraße. Für sich selbst erbaut sich Peter Gustav Rühl der Jüngere einen schönen Ziegelbau mit Walmdach, die heutige Hechtsheimer Straße 107.
Jenseits der Kreuzung Goldgrube/Stiftswingert gibt es links auf der Ecke, schon zum Stiftswingert gehörend, jahrzehntelang eine Attraktion - den „Pomona-Garten" von Witwe Kern. 1920 taucht das Gartenrestaurant erstmals im Adressbuch auf als „Wirtschaft zur Pomona" eines Herrn Codini.

„Pomona" ist die römische Göttin der Baumfrüchte, weshalb ihr Name einst gern von Gartenlokalen genutzt wird. Und hier in das lange von Gärten geprägte Gebiet passt Pomona natürlich auch. In den 20er-Jahren übernimmt Theodor Walgenbach, Anfang der 30er Gustav Kern, dessen Witwe das Lokal bis 1958 fortführt, das für viele Mainzer ein beliebtes Ausflugsziel im Grünen ist, zumal ja seit Ende der 20er hier die Buslinie C, später W hält.
Dann entsteht dort ein Wohnhaus mit Laden im Erdgeschoss – „Lebensmittel Rolf Werum", später Werum-Supermarkt, dann HL, der wiederum in Rewe aufgeht. In den vier Wohnungen leben 1965 ein Major, ein Hauptmann, ein Oberfeldwebel und ein einfacher Soldat. Letzterer dürfte

Das Haus von Otto Mayer, Hechtsheimer Landstraße Nr. 4. wo 1949 der spätere Bundesanwalt Josef Fabry (1929-2021) seine Studentenbude hat.

im Treppenhaus aus dem militärischen Grüßen gar nicht mehr rausgekommen sein ...

Rechter Hand stadtauswärts, damals noch Hechtsheimer Landstraße, stehen 1942 laut Adressbuch vier Häuser, die Nummern 2-8. In der Nr. 4 lebt anno 1949 der Student und spätere Bundesanwalt Josef Fabry (1929-2021). Er erinnert sich einmal gegenüber der AZ an jene schönen wie harten Studienzeiten, als die Wohnsituation mehr als kritisch ist. Aber durch Vermittlung bekommt Fabry eine Studentenbude bei Otto Mayer, dessen Sohn Theologie studiert und während des Semesters im Konvikt in der Stadt lebt. „Dessen Zimmer durfte ich während dieser Zeiten bewohnen. Es war einfach, aber ausreichend eingerichtet, hatte ein Regal voller Bücher und war eine ideale Studierstube - nur nicht im Winter."
Wegen Kohlemangels wird nur geheizt, wenn die Außentemperatur unter null Grad fällt. Oft sitzt er eingemummt im Wintermantel und mit einer Bettdecke behängt am Schreibtisch: „Und unter meinem Stuhl stand meine angestellte elektrische Kochplatte. Dann ging es einigermaßen."
Die Miete beträgt 30 D-Mark, aber nicht in den Semesterferien, die er bei den Eltern verbringt. Küchen-Mitbenutzung gibt es nicht, aber der junge Mann hat ja die Kochplatte, auf der er sich Süppchen und Pellkartoffeln kocht oder den Kornkaffee aufbraut. Ansonsten gibt's ein Brot mit irgendeinem Belag. Die Ernährungsfragen sind zwar längst nicht mehr so dringlich wie vor der Währungsreform, aber schwierig genug für Studenten, die nur wenig Geld zur Verfügung haben. „Während des ersten Semesters habe ich einmal in der Mensa zu mittaggegessen: Bratkartoffeln mit Spiegelei und Salat."

Eine große Erleichterung war die aus Amerika finanzierte Hoover-Speisung. „Davon gab es jeden Mittag umsonst einen kräftigen Schlag Nudeln oder mehligen Brei mit Rosinen ins mitgebrachte Essgeschirr. Ein Genuss war das nie, aber der Hunger war besiegt."
Nach der Währungsreform werden auch linker Hand die ersten Einfamilienhäuser gebaut. Das vorerst letzte ist das der Familie Schulte, damals Hechtsheimer Landstraße Nr. 7, heute Hechtsheimer Straße 50 / Ecke Am Fort Heiligkreuz. Noch 1959 greift die Bebauung über Kreuzschanze / Bodelschwinghstraße kaum aus, dann ist die Gemarkungsgrenze erreicht, und jenseits derer geht es erst mal nicht weiter – bis 1965.

Die Baugrube für das Haus Hechtsheimer Landstraße 7 der Familie Schulte um 1950, hinten links der Laubenheimer Weg. Am Rohbau vorbei geht der Blick stadtauswärts, vom Feld aus sieht man den Rohbau und den Park am Fort Heiligkreuz.

OB Jockel Fuchs ist damals erst ein paar Monate im Amt, da gelingt die Ansiedlung des Weltkonzerns IBM. Auf 32 Hektar baut der damals weltweit führende Computerhersteller sein Werk auf. Die Mainzer Aufbau-Gesellschaft (MAG) errichtet Produktionsstätten, ein Ausbildungszentrum und die für die Forschung nötigen Spezialgebäude, betreibt auch lange Zeit das MAG-Hotel, ein Hochhaus mit 900 Zimmern seitlich der Hechtsheimer Straße, in dem die IBM-Besucher aus aller Welt untergebracht werden.

IBM Mainz ist in den 1970er-Jahren das größte europäische Computerwerk, dann führend in der Speichertechnologie mit 3000 Arbeitsplätzen. Aber 2003 gibt IBM die Festplattenproduktion in Mainz auf, um 2016 die Stadt ganz zu verlassen. Die am Ende 1200 Jobs wandern nach 50 Jahren gen Frankfurt ab. Doch schließt sich eine Tür, öffnet sich die nächste – und so entsteht hier das „Heiligkreuz-Viertel" mit rund 2000 Wohnungen.

Das Lebensmittellädchen der Familie Pauly in der Hechtsheimer Straße 5, wo später die bekannte Imkerei von Reinhard Pauly ansässig war.

Das 34 Hektar große IBM-Gelände in den 80er Jahren, oberhalb der ist der 1981 eröffnete Rundbau des Theresianums zu sehen.

In den 30ern: Oben links Fichteplatz, Mitte oben Kasernengelände, heute MKM, rechts unten Ebert-Siedlung.

188 Ebert-Siedlung

Siedler in der Oberstadt

Die Oberstadt ist ab 1910 für Jahrzehnte größtes Baufeld der Stadt. Noch ist die 1872 begonnene Neustadt nicht vollendet, da beginnt mit dem Schleifen der Festung die Ausdehnung gen Südwesten und Süden. Doch diese hat einen anderen Charakter als die Stadterweiterung nach Norden: eine lockere Struktur, sehr grün. Zunächst entstehen Einzelhäuser, ab den 1920ern größere Gebäude für Besatzer, dann Siedlungen und immer wieder moderne Bauten.

Der Bausparkassen-Katalog 1934 zeigt eines der tatsächlich gebauten Häuser im Bauhausstil aus der Neumannstraße.

Rund um die spätere Straße An der Goldgrube beginnt eine großflächige Bebauung erst Anfang der 1920er, und wie an anderen Stellen der Oberstadt ist die französische Besatzungsmacht der Treiber. So baut das Reichsvermögensamt ab 1923 in der Neumannstraße gegenüber der Einmündung der Ritterstraße einen lang gestreckten, um die Kurve gezogenen Komplex für französische Unteroffiziere und deren Familien.

Trotz einer 70 Meter langen Front ist die Gebäudezeile mit ihrem Giebelrisalit, großem Walmdach und umlaufendem Gesims ein harmonisches, einladendes Gebäude.

Im schmaleren Abschnitt zur Goldgrube hin zeigt sich rechter Hand der in Mainz kaum

Blick in die Hugo-Preuß-Straße um 1930, im Dritten Reich Schlageterstraße, heute Erhard-Straße.

präsente Stil des Bauhauses. Die dreigeschossigen Flachdachgebäude des Mainzer Architekten Carl Hermann Schieker sind keine zehn Jahre älter als die benachbarten Besatzungshäuser, aber eine Architektengeneration davon entfernt.
Obwohl der Bauhausstil ab 1933 verpönt ist, findet sich das Haus Nr. 5 noch 1934 im Katalog der Bausparkasse Mainz, in dem Häuser und Finanzierungsmodelle vorgestellt werden. Bei der Nr. 5 werden die reinen Baukosten ohne Grundstück mit 14600 Reichsmark angegeben. Bei einem Bausparvertrag von 15000 RM errechnet die Bausparkasse eine monatliche Abzahlung von 60 RM. Die Bauplätze sind damals günstig, denn die Stadt will in der Weltwirtschaftskrise das Bauen ankurbeln. Glücklicherweise präsentieren sich die Häuser heute äußerlich in kaum verändertem Zustand. Inklusive der Geländer aus Eisenrohr.

Von der Moderne in den Siedlungsbau sind es nur ein paar Schritte über die Goldgrube hinweg. Dort, rechts des Ebersheimer Wegs, liegt die Ebert-Siedlung vom Ende der 1920er-Jahre. Der Teil um die Martin-Luther-Straße geht auf den genossenschaftlich organisierten „Gemeinnützigen Luther-Bau-Verein" zurück, der aber nach kurzer Zeit in einer famosen Pleite untergeht.

Ziel des 1928 gegründeten Bauvereins ist es, weniger begüterten evangelischen Christen den Bau eines günstigen Hauses zu ermöglichen. Die Käufer bringen etwas Eigenkapital ein, während sich der Verein verpflichtet, die Baumaßnahmen zu organisieren und Darlehen aus Fremdkapital sicherzustellen. Doch schon 1930 treten Geldprobleme auf.
Die „Deutsche Baurevision" entdeckt hohe Schulden, eine katastrophale Buchführung und schließlich auch Betrügereien des Vorsitzenden und Geschäftsführers des Vereins. Der ist Krankenhauspfarrer und sitzt für „Evangelische Volksgemeinschaft (Christlicher Volksdienst)" im Stadtrat, was ihn aber nicht davon abhält, die große Summe von 28000 Reichsmark in die eigene Tasche zu stecken. Der Bauverein geht in Konkurs, die Stadt verhindert aber, dass die Eigentümer die Last tragen müssen.
Ebenfalls 1928 wird die „Gemeinnützige Bau- und Siedlungsgenossenschaft eGmbH" (GeBaSieGe) gegründet, die ihre Sache besser macht. Mit im Boot sind der Zentralverband der Angestellten, der Allgemeine Deutsche Gewerkschaftsbund, die Mainzer Spar-, Konsum- und Produktionsgenossenschaft (Barbarossaring) und der Mieterschutzverein. Die Stadt unterstützt die genossenschaftliche Selbsthilfe, und bald entsteht neben der Martin-Luther-Straße die Ebert-Siedlung.

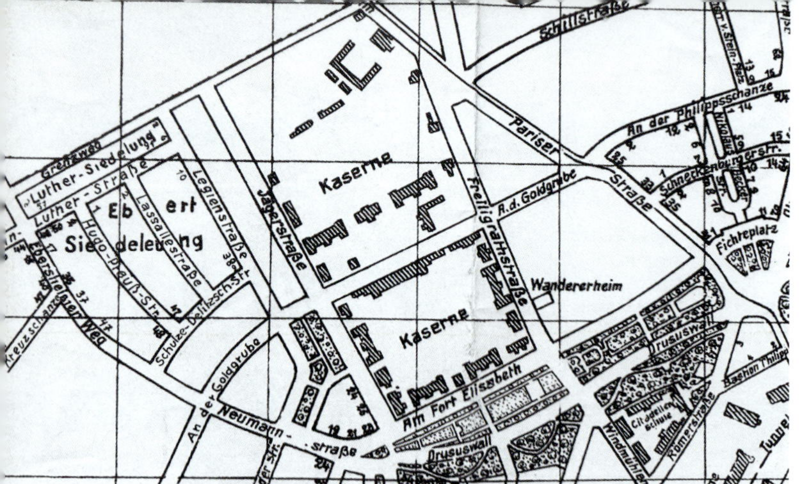

Stadtplan um 1930 mit der Ebert-Siedlung links.

Bis 1930 sind 55 Eigenheime und 86 Wohnungen fertig, gebaut von den Architekten Heinz Jakob Bitz und Friedrich Lehna, den späteren Begründern der Bausparkasse Mainz. Für ein Haus müssen Interessenten neben dem Genossenschaftsbeitrag zehn Prozent der Bausumme aufbringen, die Hypotheken kommen von „Volksfürsorge" und Stadt. Die Mietwohnungen haben zwei bzw. drei Zimmer mit Küche, Bad, WC – damals keineswegs selbstverständlich.

Innerhalb von 20 Jahren wechseln drei der fünf Siedlungsstraßen rechts des Ebersheimer Wegs mehrfach ihre Namen. Zunächst heißen sie Hugo-Preuß-, Lasalle- und Legienstraße, doch den Nazis sind nach 1933 die Namen des Mitbegründers der linksliberalen Deutschen Demokratischen Partei, des Wortführers der frühen Arbeiterbewegung und des Gewerkschafters zuwider. Sie benennen die Straßen nach Leo Schlageter, Peter Gemeinder und Manfred von Richthofen – ein NS-Idol, ein verstorbener Gauleiter und der Jagdflieger des 1. Weltkriegs. Nach dem Krieg erhalten die Straßen die Namen der Alt-OB Ehrhard, Külb und Adelung.
Die Siedler können sich gut versorgen, haben doch die Häuser Gärten für den Eigenbedarf an Obst und Gemüse oder für ein paar Hühner, dazu kommen Läden. 1953 gibt es in der Martin-Luther-Straße 71 „Lebensmittel - Feinkost Georg Leineweber Witwe", in der Ehrhardstraße 48 verkauft Karl Stein Milch, Molkereiprodukte und Feinkost, und in der Adelungstraße finden sich eine Wäscherei, ein Konsum, ein Tabakladen und eine Kneipe. Eine Welt für sich.

Ende der 1940er entsteht an der Goldgrube ein neuer Haustyp – die Stahlhäuser der MAN. Als das Gustavsburger Werk 1947 neue Märkte sucht, kommt man angesichts der Wohnungsnot auf den Bau von Fertighäusern, und zwar aus dem Material, das die MAN am besten kennt – Stahl. 1948 beginnt im Werk Mainz-Gustavsburg, das bis 1945 U-Boot- und Panzerteile oder Raketenabschussrampen baut, die Produktion.

In der NS-Zeit wird die Ebert-Siedlung nach einem verstorbenen NSDAP-Politiker in Peter-Gemeinder-Siedlung umbenannt.

Auf dieser Ansichtskarte ist die Umbenennung der Legienstraße in Richthofenstraße dokumentiert, heute ist es die Adelungstraße.

Restauration
Schöfferhof-Ausschank
Inhaber: Wilhelm Dietz
Mainz, Legienstraße 20
Inh.: Hermann Prantl, Mainz
Manfred von Richthofenstr. 20

An der Goldgrube Nr. 33, 35 und 43 stehen drei dieser Häuser, deren Konstruktionsprinzip einfach ist. Im Werk werden die Wandelemente aus einem Millimeter starken Stahlblech gefertigt, vor Ort auf ein Fundament gesetzt und mit einem Stahlrahmen verschraubt. Es gibt unterschiedliche Haustypen mit verschiedenen Grundflächen. Da nur die Außenwände tragend sind, kann der Innenraum individuell gestaltet werden.
Nur eine Funktionswand ist vorgefertigt, die zwischen Bad und Küche, in der alle Wasserleitungen verlaufen. Küche und Bad können als Fertigensemble gekauft werden, was den Basispreis von 18000 auf 30000 Mark hochtreibt. 1953 wird die Produktion eingestellt. Von den 230 gebauten MAN-Häusern existieren in Deutschland noch etwa 40, davon etliche in Mainz und vor allem in Gustavsburg.

Gegenüber noch ein Gebäude jener Zeit, die St. Albanskirche. Ein Nachzügler, denn die Gemeinde gründet sich bereits 1930. Anfangs nutzt man die Militärwagenhalle am Rosengarten als Notkirche, und als 1939 eine Kirche gebaut werden soll, bricht der Krieg aus. Erst 1952 kann endlich der Kirchenbau geweiht werden. Ein schönes Ensemble mit giebelsichtiger Hauptfassade, quergestelltem Turm und dem Pfarrhaus, das durch den auf die Wiese gestellten Gemeindesaal leidet. Aber der Neubau war nötig.

Bilder aus dem Prospekt der MAN-Stahlhäuser. Küche und Bad wurden als Fertigelement geliefert.

Die heutige Straße An der Goldgrube, links Kasernengebäude an der Freiligrathstraße.

189 Elisabethen-Kaserne und Vincenzhospital

Der militärisch-katholische Komplex

So richtig spannend klingen die Straßennamen des Karrees Fort Elisabeth-Jägerstraße-An der Goldgrube-Freiligrathstraße nicht. Aber eingedenk dessen, dass es hier vor nicht mal 120 Jahren nur Wiesen gibt, hat das Viereck seither eine abwechslungsreiche Geschichte vorzuweisen. Die ist erst militärisch und nun schon 86 Jahren ziemlich katholisch.

Das Startsignal zur Ausweitung der Stadt hier oben gibt am 15. August 1905 kein Geringerer als der Kaiser höchst selbst. Hat er im Jahr zuvor aus Gibraltar per Allerhöchster Kabinettsorder schon die Auflassung des Rheingauwalls vom Rheinufer zum Mombacher Tor angewiesen, so bestimmt er nun, dass die „Südfront vom Rheinoberstrom bis zur Verlängerung der Straße nach Hechtsheim einschließlich der vorliegenden Werke Fort Kartaus und Fort Karl" (Steig) aufgelassen wird. Hernach bleibt vom mächtigen Wall nur die Strecke Zitadelle-Mombacher Tor, aber auch die fällt ab 1907. Und nicht nur die Stadt nutzt die Chance, hier zu bauen, sondern auch das Militär.

Nur wenige Mainzer Einheiten haben so moderne, großzügige Anlagen wie die 117er mit ihrer Alicen-Kaserne in der Neustadt, viele sind über mehrere Standorte in der Stadt verteilt. Und so entstehen um 1910 zwei große Militärkomplexe: die Elisabethen-Kaserne zwischen Fort Elisabeth an den Wallanlagen und der heutigen Straße An der Goldgrube sowie westlich davon die Generalfeldzeugmeister-Kaserne.

Die Elisabethen-Kaserne erhält ihren Namen

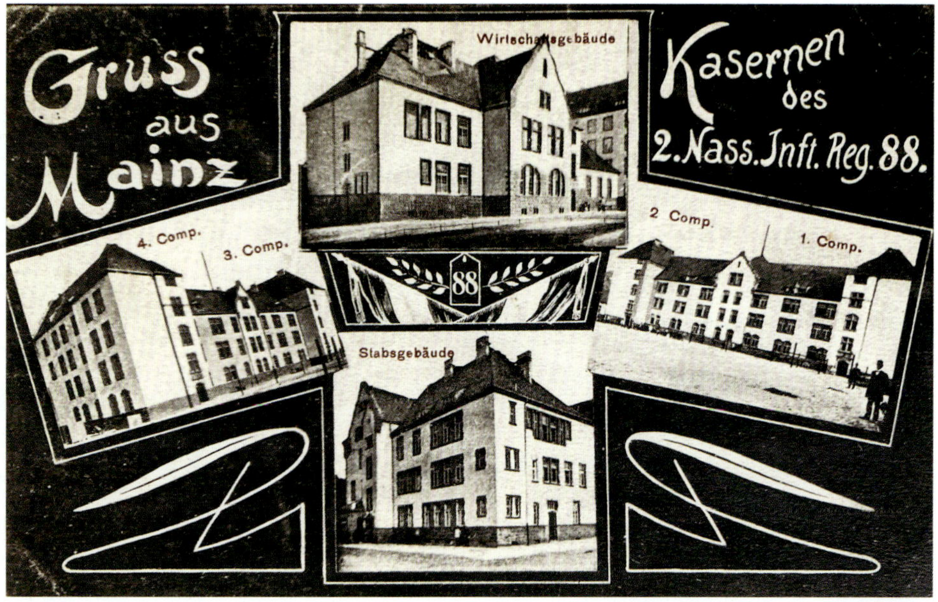

Viele Wehrpflichtige werden einst solche Ansichtskarten nach Hause geschrieben haben.

vom aufgegebenen Fort Elisabeth und befindet sich im oben genannten Straßenkarree, das heute weitenteils vom Marienhaus-Klinikum belegt ist. Stationiert ist hier das 2. Nassauische Infanterie-Regiment Nr. 88, eine Einheit in wechselnden Diensten. 1808 aufgestellt, die-

Kasernengebäude in den 1920ern an der Freiligrathstraße.

Im Theresienheim wird 1932 der Schulbetrieb aufgenommen, 1939 schließen die Nazis die Schule.

nen die 88er Napoleon bei dessen Krieg auf der iberischen Halbinsel, bis sie zu den Briten übertreten, um 1815 in holländischen Diensten in die Befreiungskriege zu ziehen. Als Nassau im preußisch-österreichischen Krieg 1866 aufseiten der Habsburger verliert und von Preußen annektiert wird, werden die 88er eine preußische Einheit.

Flachsmarkt-Kaserne und Reduit sind Standorte des Regiments, bis die Elisabethen-Kaserne entsteht. Lange währt der friedensmäßige Dienst aber nicht, denn 1914 rücken die 88er ab in den Krieg. Marne, Galizien, Verdun und Somme sind die tragischen Stationen, und nach Mainz kehren die Infanteristen nie mehr zurück. Nach dem Waffenstillstand geht das Regiment über den Rhein zurück und wird in Bad Orb aufgelöst. 111 Jahre nach der Gründung.

Für die Elisabethen-Kaserne ist die Militärzeit nicht vorbei, denn auf dem Fuße der zurückflutenden kaiserlichen Truppen folgen die französischen Besatzer, die alle Mainzer Kasernen in Besitz nehmen und sogleich umtaufen. Aus der Elisabethen-Kaserne wird die Caserne Mangin. Mit Abzug der Franzosen 1930 endet die Militärkarriere des Geländes. Jetzt kommen die Katholiken.

Die Kaserne gehört wie alle Besatzungsimmobilien dem Reichsvermögensamt und müsste gemäß Abzugsbestimmungen abgerissen werden, es sei denn, sie wird umgenutzt. Und da findet sich für die Südwestecke mit dem 1919 gegründeten katholischen Johannesbund ein neuer Nutzer. Der Bund mit der Zielsetzung „der Ausbreitung des Reiches Christi" betreibt seit 1927 in Leutesdorf bei Andernach eine höhere Privatschule, für die man mangels Platzes einen neuen Standort sucht und hier findet. Im Februar 1932 wird ein Teil der Kaserne für 150000 RM erworben und soll in 25 Jahresraten à 6000 RM abbezahlt werden.

Der Komplex in den 1930ern. Das Vincenz- und Elisabeth-Hospital Ende der 30er mit Front zum Fort Elisabeth. Unten links Besatzungshäuser an Jäger- und Neumannstraße, ganz oben rechts Fichteplatz, von dort leicht geneigt nach links die Pariser Straße. Fälschlicherweise steht auf der Postkarte „Städtisches Krankenhaus".

Die Kaserne an der Jägerstraße ist für die Schule vorgesehen, das Gebäude an der Goldgrube für ein Obdachlosen- oder Durchwandererheim, dazu gibt es noch eine verfallene Reithalle mit Uhrentürmchen. Als der Johannesbund den Komplex übernimmt, sind die Bauten desolat und unbewohnbar und im Zuschnitt einer Kaserne auch als Schule und Internat ungeeignet. Sanierung und Umbau starten sofort, als aber am 21. April 1932 der Unterricht aufgenommen wird, finden sich Schüler und Lehrer auf einer Baustelle wieder.

Die Jungen im Theresienheim haben einen streng geregelten Alltag: nach Weckruf um 5.15 Uhr Morgengebet und Messe in der Kapelle, dann Bettenbauen und stilles Frühstück. Unterricht bis 13 Uhr, nach Kaffeezeit „Studium bei strengstem Silentium" bis 18.30 Uhr, nochmals von 19 bis 20.30 Uhr. Um 21 Uhr Abendgebet in der Kapelle, dann Bettruhe. Das Lernpensum erklärt sich, wenn man weiß, dass die sechs Klassen 5 bis 10, damals Sexta bis Obersekunda, in vier Jahren absolviert werden müssen - Quinta und Obersekunda fallen weg. Die Oberstufe absolvieren die Schüler am heutigen RaMa.

Die Zahl der Schüler steigt bis 1934 von 40 auf 99, aber Mainzer sind es nicht. Eine Statistik aus jenen Jahren verzeichnet nur einen Schüler aus der Stadt, fünf weitere aus Rheinhessen, die anderen kommen aus allen Teilen der heutigen Länder Rheinland-Pfalz und NRW, aber auch aus Hannover, Berlin und sogar Pommern.

1933 nimmt der Druck der Nazis auf alle privaten, zumal die christlichen Schulen zu, auch auf die Schüler selbst, dem nicht alle standhalten. Die internen Jugendgruppen sind in der Öffentlichkeit verboten, einige Lehrer treten in die NSDAP ein, und 1939 kommt ein Schreiben von Reichsstatthalter und Gauleiter Sprenger: „Ihre Schule wird mangels Bedarfs aufgelöst." Alle Schüler verlassen das There-

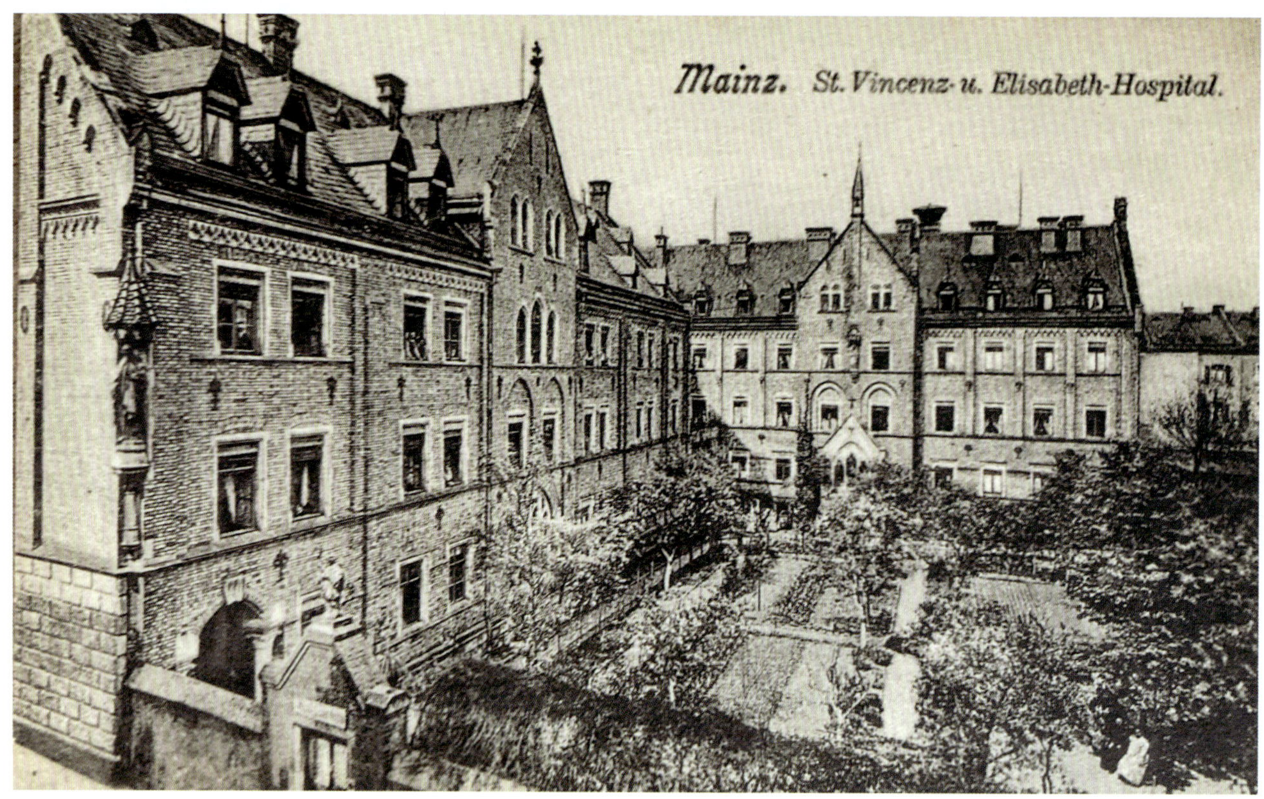

Das alte St. Vincenz und Elisabeth-Hospital auf dem Kästrich.

sienheim, und als 1941 die Gestapo das Haus besetzt, bleiben nur die Johannesschwestern übrig, die ab jenem Jahr Gesellschaft durch die Vincenzschwestern erhalten.

Die Vincentinerinnen arbeiten im benachbarten, ebenfalls auf dem ehemaligen Kasernengelände befindlichen Vincenz- und Elisabethen-Krankenhaus, das 1936 wie einst das Militär und dann der Johannesbund wegen Beengtheit am alten Standort, dem Kästrich, hierherzieht.
Das erste St. Vincenz- und Elisabeth-Hospital entsteht 1850 im Fürstenberger Hof. Schon 1870 bezieht man einen Neubau am Rand der Stadt in der Straße Kästrich, wo sich die Häuser der anderen Straßenseite an die mittelalterliche Stadtmauer anlehnen. 1900 kommt ein Erweiterungsbau, aber auch der reicht nicht aus, weshalb in den 20ern ein Neubau ins Auge gefasst wird. Der Reichsminister für die besetzten Gebiete lehnt zwar ein Baudarlehen ab, empfiehlt aber den Ankauf einer Kaserne, wenn erst einmal die Franzosen abziehen würden. 1931 werden rund 30.000 Quadratmeter mit sieben Gebäuden für 400.000 RM erworben.

Der Kasernenhof wird zum Garten, das Gebäude Ecke Fort Elisabeth/Jägerstraße zum Altersheim umgebaut, bevor der Umbau des Hauptgebäudes am Fort Elisabeth beginnt und der Grundstein für die Kapelle gelegt wird. Am 20. September 1936 weiht Bischof Albert Stohr das neue Haus mit 160 Betten und je einer Abteilung für Chirurgie, innere Krankheiten, Frauenkrankheiten, Geburtshilfe, HNO- und Augenkrankheiten. Die Bettenzahl wird bald auf 160, dann auf fast 250 gesteigert.
Einen schweren Schlag erleidet die Klinik 1942, nachdem die Hebammen-Lehranstalt und Frauenklinik, das Accouchement, in der Hafenstraße zerstört wird. Unzählige Mainzer sind dort zur Welt gekommen, aber ab 1933 werden dort mehr als 1000 Frauen zwangssterilisiert, ein unfassbares Verbrechen. Nach der Zerstörung lässt Gauleiter Sprenger zwei Drit-

Ansichtskarte aus der Zeit nach der Eröffnung 1936.

tel des Vincenzhospitals beschlagnahmen und Lehranstalt samt Frauenklinik dorthin verlegen, das Vincenz kann nur noch die Chirurgie weiterführen. Unklar, ob auch am Fort Elisabeth noch Frauen Opfer von verbrecherischen Nazi-Ärzten werden, die vor dem Einmarsch der Amerikaner fluchtartig verschwinden.

Im Februar 1945 explodieren zwei Luftminen im Garten und sorgen für schwere Schäden, der Ostflügel erhält einen Volltreffer, Altersheim, Schwesternhaus und Wirtschaftsgebäude werden weitgehend zerstört. Als in Mainz Ende März die Waffen schweigen, hat das Vincenz nur noch 50 Betten im Keller.

Ansichtskarte der Kapelle des „Theresienheim Mainz, Apostolische Schule der Johannes-Missionare", so der rückseitige Text.

Das frühere Kasernengelände in den 60ern, links das Vincenz-Hospital, oben das Theresianum, rechts am Rand das Thaddäusheim.

190 Im alten Kasernenkarree

Vincenz, Theresianum und TRON

Mit Namensänderungen haben es die Mainzer nicht so. Zumindest die älteren, die zum Althergebrachten neigen. Sie sagen immer noch Gaugass´, obwohl die schon vor über 150 Jahren zur Straße erhoben wird, und es ist noch gar nicht lange her, da gehen bei der AZ noch Leserzuschriften an den „Anzeiger" ein. Man lässt sich „im Städtischen" behandeln oder wenigstens in der Uniklinik, wenn der Begriff Unimedizin nicht über die Lippen will. Und wenn der Alt-Mainzer oder die Alt-Mainzerin „die Klinik vom Bischof" vorzieht, dann gehen sie ins Vincenz, vielleicht noch ins KKM, aber ins MKM, ins Marienhaus-Klinikum? Das wird dauern. „Die Klinik vom Bischof" ist das Krankenhaus an der Goldgrube ja eh schon lange nicht mehr.

Der Bischof von Mainz und das Hospital, das ist lange eine enge, tiefe Verbindung. Der Mainzer Oberhirte von Ketteler ist Mitgründer des Vincenz- und Elisabeth-Vereins anno 1850, wird

Mehrbildkarte mit Innen- und Außenansicht der Kapelle.

dessen erster Verwaltungsratsvorsitzender und begründet damit eine lange, segensreiche Tradition durch alle Höhen und Tiefen. Dieses Auf und Ab erlebt Bischof Albert Stohr binnen weniger Jahre, als er 1936 freudig den modernen Neubau eröffnen kann, um dann 1942 die Beschlagnahme durch die Nazis zu erleben und schließlich die Zerstörung. Erst zum 100-Jährigen des St. Vincenz- und Elisabeth-Hospitals 1950, ist das Krankenhaus weitestgehend wiederhergestellt, komplett aber erst ein Jahr später.

Erst über ein Jahr nach Kriegsende können auch die letzten Patienten aus den Kellerräumen in Krankenzimmer übersiedeln. Aber schon 1948 gibt es wieder 250 Betten, 1950 sind es 302 und 1958 dann 362. Und so bleibt es bis zur Eröffnung des mittlerweile vierten Vincenz 1982.

Das Theresienheim mit der von den Nazis 1939 geschlossenen Schule des Johannesbundes bleibt zwar von Bombenschäden weitestgehend verschont, zeigt sich aber nach Jahren der Vernachlässigung in keinem guten Zustand. Und so dauert es Jahre, bis die nun Theresianum genannte höhere Schule zum Schuljahresbeginn 1950 – wie damals noch üblich nach den Osterferien – ihren Betrieb aufnehmen kann. 18 Schüler der Sexta und Quinta sind es

Theresianum (oben) und Thaddäusheims (r.), wahrscheinlich Mitte der 60er Jahre.

zu Beginn, fünf Jahre später knapp über 100, da jedes Jahr eine Klasse hinzukommt.
Noch ist das Theresianum eine reine Internatsschule, deren Zöglinge in der Freizeit helfen, Gebäude und Gelände instand zu setzen, Theater spielen und die berühmten Fatima-Prozessionen organisieren. Ausgangspunkt ist die Instandsetzung der zerstörten Kapelle im Hof der Schule, die der berühmten Marienerscheinung in Fatima geweiht wird. Fortan finden einmal im Monat von Mai bis Oktober im weitläufigen Gartengelände Abendprozessionen für die Bevölkerung statt, an denen bis zu 4000 Katholiken teilnehmen.

Erst 1968 endet diese Schultradition, sechs Jahre zuvor eine andere, als sich das Theresianum erstmals auch für externe Schüler öffnet, die nicht im Internat leben. Für die nun auch vielen Mainzer Schüler gibt es die Tagesheimschule, also eine Ganztagsschule, und als noch ein neusprachlicher Zweig eingerichtet wird, schnellen die Anmeldungen nach oben. Deshalb nehmen

Das Theresienheim mit einem Sgraffito von Gustl Stein, ausgeführt vom Mainzer Malermeister Mertes.

ab Mitte der 1960er die Raumprobleme dergestalt zu, dass an einen Neubau gedacht wird. Und zehn Jahre später wird das Projekt konkret – am Laubenheimer Weg. Kurios: Nur vier Tage nach dem ersten Spatenstich im Mai 1977 hebt ein Gericht die Baugenehmigung wieder auf, weil der Stadt beim Bebauungsplan ein gravierender Fehler unterlaufen ist.
Dennoch kann 1981 das neue Gymnasium eingeweiht werden – und nun werden erstmals auch Mädchen aufgenommen. Es dürfte zum Besten der Schule gewesen sein, denn reine Jungenschulen sind unglaublich harte Schulen, in denen körperliche Leistungsfähigkeit und intellektuelle Brillanz gegen schwächere Schüler ausgespielt werden. In Jungenschulen gibt es ein klares, manchmal auch brutales Oben und Unten. Das ausgleichende weibliche Element wirkt da Wunder.

Bald nach der Einweihung der Schule durch Kardinal Volk schreitet der Mainzer Oberhirte erneut zur Tat, diesmal auf dem Gelände zwischen Goldgrube und Fort Elisabeth. Im Dezember 1981 weiht er den Neubau des Vincenz- und Elisabeth-Hospitals. Mit achtstöckigem Hochhaus und breitem Sockelgeschoss umfasst das Gebäude 35000 Quadratmeter für 458 Betten. Nun nicht mehr mit Adresse Fort Elisabeth, sondern mit Eingang zur Goldgrube. Ein modernes Klinikum, medizinisch immer auf Höhe der Zeit mit ausgewiesenen Spezialisten und modernstem Equipment.
Zwanzig Jahre nach der Neueröffnung schließen sich das Vincenz- und das Zahlbacher Hildegardis-Krankenhaus unter gemeinsamer Trägerschaft zusammen, und fortan firmiert die Klinik im alten Kasernenkarree als Katholisches Klinikum Mainz, abgekürzt KKM. „Das Krankenhaus vom Bischof" sagen manche Mainzer, und in der Tat ist Karl Kardinal Lehmann oft im Hause, fühlt sich dem Klinikum eng verbunden. Doch bald nach seinem Tod endet auch die enge Bindung zum Bistum, das seinen Anteil am KKM an den bisherigen Mehrheitsgesellschafter, die Marienhaus-Gruppe, verkauft, was manche Mitarbeiter der Kirche übelgenommen haben, weil sie sich im Stich gelassen fühlen.

Am 31. Mai 2021 kurz vor der Mittagszeit werden die blauen KKM-Buchstaben mit dem roten Caritas-Sternchen abgenommen und gegen den blau-grünen Marienhaus-Schriftzug eingetauscht. Viele altgediente Bedienstete müssen da schon arg schlucken, dass aber bald darauf das alte Logo in einem Schrottcontainer steckt, ist dann doch zu viel. Erst nach Protesten lässt die Geschäftsleitung die Buchstaben wieder rausholen. Den alten metallenen Schriftzug „Sankt Vincenz und Elisabeth Hospital" hat man allerdings von vornherein hängen lassen.

Die dritte Einrichtung, die in den 1930ern auf dem ehemaligen Kasernenareal nach Internatsschule (1932) und Krankenhaus (1936) Fuß fasst, ist das 1938 eröffnete Thaddäusheim. Wie auch das Theresianum geht das Heim für wohnungslose Männer zurück auf den Johannesbund, der es nach dem Apostel Judas Thaddäus, dem Schutzpatron der Bedürftigen, benennt.

Das Übernachtungsheim, damals Durchwandererheim genannt, ist nach dem Krieg Anlaufpunkt für Flüchtlinge, Vertriebene, Entwurzelte, die durch das Land streifen, weil sie alles verloren haben. 1972 wird ein Wohnheim errichtet, das nach der Übernahme durch die Caritas und dem Umzug des Theresianum weiterwachsen kann.

Im Heim finden Männer ohne Bleibe eine Unterkunft, manche für eine Nacht, andere auch für längere Zeit. Seit Jahren kommt das Thaddäusheim aber immer wieder an die Grenzen seiner Kapazitäten, und auch baulich ist es längst überholt: Sechs-Bett-Zimmer für Kurzzeitbewohner, Gemeinschaftsbäder auf dem Flur, Brandschutz, Elektrik – all das harrt der Erneuerung. Am Standort ist das kaum möglich, weil das einem Neubau gleichkäme. Aber die Suche nach einem Grundstück für einen Neubau ist nicht weitergekommen, weshalb auch darüber nachgedacht wird, die verschiedenen Angebote der Einrichtung über die Stadt zu verteilen.

Heute zeigt sich das Areal im Straßengeviert von Goldgrube und Fort Elisabeth, Freiligrathstraße und Jägerstraße wenig organisch, von geplantem Städtebau keine Spur. Das Vincenz hat einige Zubauten bekommen, zum Fort Elisabeth zeigt sich eine wilde Ansammlung von

Das alte Vincenz- und Elisabeth-Hospital wird in den 1970ern abgebrochen.

Gebäuden hinter der historischen Einfriedung, es gibt Schotterflächen und von der Goldgrube her verstellt das Parkhaus unschön den Blick. Einzig die Nordwestecke wird von einer Blockrandbebauung gefasst – und genau dort hat vor wenigen Jahren die Mainzer Zukunft begonnen. Mit TRON, dem dort ansässigen Institut für Translationale Onkologie an der Universitätsmedizin.

Die gemeinnützige Forschungsgesellschaft wird 2010 vom genialen Biontech-Duo Özlem Türeci und Ugur Sahin gegründet und zusammen mit dem Land, Universität und Unimedizin betreiben. TRON gilt als das Hirn von Biontech, das nur hundert Meter die Straße hinunter seinen mittlerweile weltberühmten Sitz mit seiner nicht minder berühmten Adresse *An der Goldgrube* hat. Den Straßennamen gibt es seit 1926, der Flurname ist 200 Jahre älter. Rita Heuser schreibt in ihrem Buch über die „Namen der Mainzer Straßen und Örtlichkeiten", dass solch ein Flurname Wertschätzung für einen Acker gewesen sei, der hohen Gewinn abwirft. Passt.

Das nach der Umfirmierung zum MKM entsorgte, später angeblich gerettete KKM-Signet.

Zitadellenschule, spätere Windmühlenschule von der Windmühlenstraße aus. Die Treppe existiert heute noch.

191 Windmühlen- und Freiligrathstraße

Zitadellenschule bis Rodelberg

Ein bisschen erstaunt die breite Treppe an der Windmühlenstraße schon. Fünf Stufen hoch führt sie lediglich zu einem Fußweg über eine Wiese, was auch angesichts der eher flachen Böschung so gar keinen Sinn zu machen scheint. Doch fast sechzig Jahre lang erfüllt die betonierte Treppe durchaus einen Zweck, führt zwar ebenfalls ins Grüne, aber auf einen begrünten Hof mit Brunnen, Beeten und einer Wiese – den Schulhof der Zitadellen-, spätere Windmühlenschule. Unzählige Kinder nehmen einst allmorgendlich hurtig die Stufen, während ihre Blicke bang über den Schulhof fliegen, dorthin, wo auf einem der Dächer das Türmchen mit der Schuluhr thront. Nur nicht zu spät kommen.

Im Mai 1922 wird hier zwischen der Windmühlenstraße und der heutigen Agrippastraße, einst Römerstraße, die Zitadellenschule eingeweiht. Sie steht allein auf weiter Flur, bis rüber zum Gautor gibt es kaum ein Haus, denn der 1. Weltkrieg hat die Bautätigkeit hier abrupt gestoppt. Erst ab 1920 wird vor allem für die französischen Besatzer gebaut, die ab Unteroffizier aufwärts mit ihren Familien nach Mainz ziehen. Daher beschlagnahmen sie auch Schulbauten wie die Holztorschule, weshalb Ersatz vonnöten ist. Erst die Zitadellenschule, nach Mitte der 20er die Neutorschule.

Wegen Platzmangels baut man in der heutigen Oberstadt, nutzt aber die Gelegenheit, um einen Schulbau neuen Typs zu errichten. Auf dem trapezförmigen Areal stehen um den beschriebenen Hof fünf einstöckige Flachbauten. Die werden damals gern etwas abfällig Schulbaracken genannt, aber Rektor Klippel schreibt den Eltern: „Wißt Ihr, in welch herrliches Haus

Blick auf die Schule von der Römerstraße, der heutigen Agrippastraße.

eure Kinder in die Schule gehen? Das ist nicht mehr die hohe, staubgefüllte Schulkaserne, da ist überall Luft und Licht. Hell flutet die Sonne herein und rötet die bleichen Wangen Eurer Jungen." (zitiert aus „Blickpunkt Schule", Mainz 2021).

Sie ist eine Knabenvolksschule wie die Eisgrubschule, während die Fürstenberghofschule den Mädchen dient. Die Windmühlenschule bietet aber nicht nur eine neue Architektur und die Lage inmitten der Wallanlagen, sondern auch den 8000 Quadratmeter großen Schulgarten. „Dort können die Jungen pflanzen und säen, dort können sie aus dem grünen Buch der Natur lernen ..."

Auch in Kostheim Siedlung, Kastel und später in der Neutorschule gibt es Schulgärten, in denen ab der 5. Klasse erst die ganze Klasse ein Beet bebaut, im Jahr darauf dann jeder Schüler, der den Ertrag mit nach Hause nehmen darf. Da die wenigsten Schulen Platz für Beete haben, kauft die Stadt 1928 das Zahlbacher Lokal „Maas'scher Garten" und richtet eine Freiluftschule ein. 1933 werden alle Reformen eingestellt.

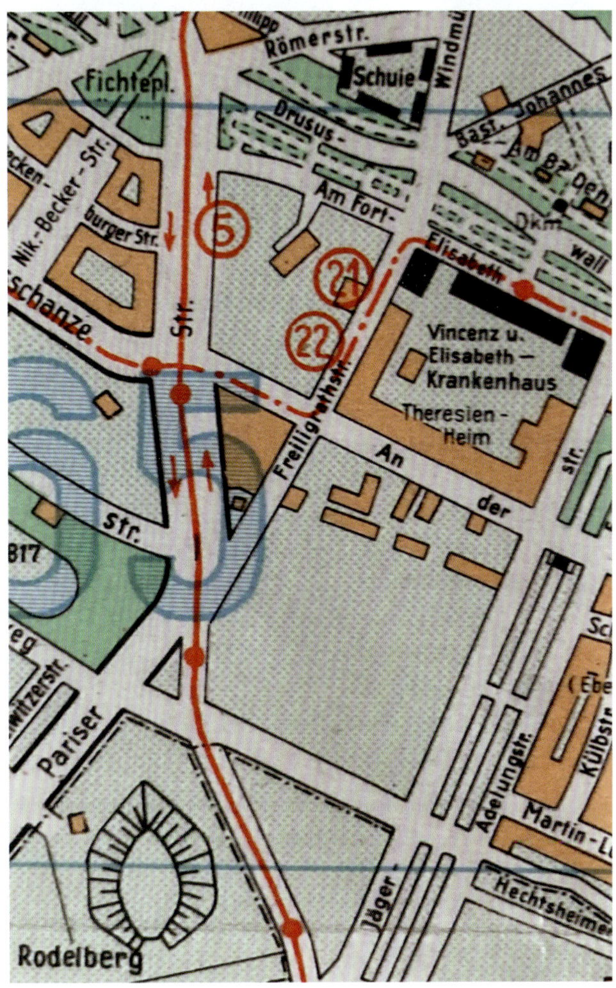

Stadtplan von 1954. Oben die Windmühlenschule, unten der noch unbebaute Rodelberg.

Die Schule übersteht den Krieg, wird zunächst Städtische Handelslehranstalt, dann Schule für die Kinder der französischen Besatzer, später für viele Jahre „Sonderschule für Lernbehin-

Ausflugslokal an der Bastion Johannes.

derte". Als sie Ende der 70er in die Generaloberst-Beck-Straße zieht, nimmt sie den Namen mit, aber er ist nicht die einzige Erinnerung an die alte Schule. Noch existieren die Treppe und ein Brunnen.
Heute stehen auf dem alten Schulgelände, das entlang der Römerstraße, heute Agrippastraße, bis zur Einmündung Bastion Philipp reicht, die Container eines Behelfskindergartens, das Kinderhaus und eine geschlossene Wohnanlage wuchtiger Einfamilienhäuser aus den 90ern. Gegenüber der Schultreppe gibt es in den 50ern an der Bastion Johannes gerade mal drei Häuser, darunter die Johannes-Schänke. Das ist ein Ausflugslokal in einem Flachbau mit einem hübschen Biergarten, wie es einige entlang der Parks in der Oberstadt gibt - zumindest bis dort Ende der 50er überall gebaut wird.

So wird gegenüber der Einmündung der Römer-/Agrippastraße die Kleine Windmühlenstraße angelegt, eine Sackgasse oberhalb des Zitadellengrabens. Dort entstehen die für die 50er typischen Bungalows mit flachem Walmdach, am schönsten jenes am Ende der Straße, das sich mit leichtem Winkel an den Wendekreis schmiegt. Architektur ohne Protz, sondern mit zurückhaltender feiner Eleganz.
In dieser schönen Villa residiert ab den 60ern AZ-Verleger Walter Zech, klein, energisch, durchsetzungsstark gerade in eigener Sache. So ereignet sich Ende der 70er in der Kleinen Windmühlenstraße ein Vorfall, der ihm zugeschrieben wird, wie das kritische Mainzer Blatt „Die Altstadt" damals berichtet. So habe ein „Initiativbürger (wahrscheinlich Zech)" gefordert, während Rheinland-Pfalz-Ausstellung und Weinmarkt die Straße wegen der Fremdparker zu sperren. Die anderen Anwohner halten nichts davon, aber die Polizei kommt seinem Begehr nach. Erst als der Verleger in Selbsthilfe auch den Wendehammer vor seiner Villa mit einer Kette sperrt, platzt der Polizei der Kragen.
Zech ist immer erpicht auf Selbstschutz: Zu Zeiten der Studentenproteste lässt er die Einfahrt

Das Wandererheim der Freien Gewerkschaften nebst Gaststätte an der Freiligrathstraße.

in den Hof der Verlagsanstalt an der Löwenhofstraße mit einem schweren, massiven Eisenrolltor versehen und die Mauerkronen mit Stacheldraht und Glasscherben bewehren ...

Bald nach Einmündung der Bastion Johannes durchschneidet die Windmühlenstraße die 1928 angelegten Park- und Freizeitanlagen am Drususwall und geht nach der Kreuzung mit dem Fort Elisabeth in die Freiligrathstraße über. Heute erhebt sich dort eines der Sternhäuser (dazu in der nächsten Folge mehr), einst aber ist außer den Kasernenbauten linker Hand das Gelände bis zur Pariser Straße weitgehend unbebaut. Und das nutzen vorm 1. Weltkrieg Möbelfabriken und Schreinereien aus der Stadt für ihre Holzlagerplätze, es gibt eine Seilerei und den Platz des Männerturnvereins. Straßen werden erst in den 20ern angelegt.
Bald rechts nach der Kreuzung steht in der Freiligrathstraße inmitten der Wohnbauten der 50er-Jahre ein historisches Einzelgebäude. Heute Kinderhort Oberstadt, wird es um 1914 als Wandererheim der freien Gewerkschaften (Vorgänger Allgemeiner Deutscher Gewerkschaftsbund, ADGB, bzw. DGB) erbaut. In Zeiten, da die Gewerkschaften für die meisten Arbeitnehmer acht bis zwölf Tage Jahresurlaub erkämpft haben, bieten sie ihren Mitgliedern mit solchen Heimen eine preiswerte Urlaubsunterkunft.

Als die Nazis 1933 die Gewerkschaften zerschlagen, reißt sich in Mainz die NS-Organisation „Deutsche Arbeitsfront" das Gewerkschaftshaus Zanggasse, das Haus der Metaller in der Kaiser-Friedrich-Straße und auch das Wandererheim in der Freiligrathstraße unter den Nagel. Nach dem Krieg wird das Gebäude Kinder-Tagesheim und Städt. Säuglingsheim. Heimleiterin, drei Säuglingsschwestern, Jugendleiterin und Gärtner leben alle unter einem Dach.

Die GFZ-Kaserne von der heutigen Geschwister-Scholl-Straße aus gesehen.

Liegen auf der anderen Straßenseite die Elisabethen-Kaserne beziehungsweise einige Gebäude des Theresienheims des Johannesbundes, folgt nach der Kreuzung mit der Goldgrube das nächste Militärgelände. Es ist das der Generalfeldzeugmeister-Kaserne, übrigens das einzige aus der Kaiserzeit, das bis heute als solches genutzt wird. In der GFZ-Kaserne liegt einst das Fußartillerie-Regiment Nr. 3, während sich zur NS-Zeit zunächst das Schulungslager des Nationalsozialistischen Lehrerbunds dort findet, bis die Wehrmacht ins Rheinland einmarschiert und die alten Militärgelände für sich reklamiert.

1936 wird hier die Beobachtungs-Abteilung 36 aufgestellt, eine tragische Einheit. Mit 600 bis 700 Mann marschiert die B 36 bis Stalingrad und geht dort zugrunde. So wie die 1938 in der Zitadelle aufgestellte schwere Artillerie-Abtei-

Bevor die Wehrmacht ins Rheinland einmarschiert und die GFZ-Kaserne beansprucht, war dort das Schulungslager des Nationalsozialistischen Lehrerbunds untergebracht.

Das Wehrbereichskommando IV an der Freiligrathstraße.

lung II./72. Von der B 36 können noch 30 Verwundete aus dem eisigen Kessel ausgeflogen werden. Der Rest verschwindet in der eisigen Steppe, vermisst, ohne Nachricht, ohne Grab ...

Nach dem Krieg steht im Adressbuch unter der Adresse „Sonderbauamt, Besatzungsmacht". Das Sonderbauamt ist das einstige Militärbauamt, das nun für Besatzungsliegenschaften zuständig ist, später in der Landesfinanzverwaltung aufgeht und 1980 Staatsbauamt wird. Nach 1956 geht die GFZ-Kaserne an die neu gegründete Bundeswehr, die in den 60ern an der Ecke zur Goldgrube ihr optisch gewöhnungsbedürftiges Wehrbereichskommando IV erbaut.

Geradeaus fällt der Blick auf einen 50 Meter hohen Hügel - den Rodelberg. Er ist keine natürliche Erhebung, sondern entsteht, als die Reichsbahn nach 1930 den Bahntunnel entlang des Eisgrubwegs aufschlitzt und der Aushub hier aufgeschüttet wird. Lange ist es tatsächlich ein beliebter Rodelberg, später sind die Grebner Bauingenieure dort oben ansässig, dann bis 2015 das Jobcenter, nach dessen Abriss dort ein – natürlich exklusives – Wohngebiet entsteht. Im unsinnigen Marketingsprech heißt das „Urban Living auf dem Cityhügel".

Der Rodelberg ist nichts anderes als der nach 1930 bei der Aufschlitzung des Eisenbahntunnels am Eisgrubweg angefallene Aushub. Ganz oben rechts in der Ecke ein kleines Stück der Eisgrubschule.

Um 1957: Links unten die Uniklinik mit dem Augenklinik-Hochhaus von 1956, unten rechts die Freifläche, auf der heute das Gutenberg-Gymnasium steht, darüber die Fichteplatzsiedlung und rechts am Rand die Wohnbauten der Pariser Straße.

192 Fichteplatz

Neues Bauen nach den Kriegen

Draußen der Aufschwung und drinnen der Bollerofen. Ein oder zwei Zimmer für die ganze Familie, gebadet wird im Zuber, die Toilette teilt man sich mit vielen und im Winter stopft man gegen Kälte und Zugluft Moos in alle Ritzen. So war das Barackenleben in der Nachkriegszeit unweit des Fichteplatzes, etwa da, wo heute am Römerlager das 1960er-Jahre-Hochhaus der Unimedizin aufragt. Nach der mehr als 80-prozentigen Kriegszerstörung herrscht in Mainz damals eine furchtbare, langanhaltende Wohnungsnot, und erst nach der Mitte der 50er ist das Schlimmste mit Baracken und Kellerwohnungen überwunden.

Schon nach dem Ersten Weltkrieg beklagt Mainz einen großen Mangel an Wohnungen. Zwar gibt es trotz einiger Bombenangriffe kaum nennenswerte Zerstörungen, aber aus Elsass-Lothringen strömen unzählige ausgewiesene Deutsche ins Reich. Die müssen auch in Mainz untergebracht werden, doch fast alle Baukapazitäten sind gebunden durch die Forderungen der französischen Besatzungsmacht nach Wohnungen für Unteroffiziere und Offiziere.

Die Fichteplatz-Siedlung um 1927 im Bau.

In den 1950er-Jahren ist der Blick über den Fichteplatz noch nicht zugewachsen.

So entstehen allein für die Franzosen ab 1919 in kurzer Zeit 500 Wohnungen, und erst nach der Inflation von 1923 belebt sich das allgemeine Baugeschehen wieder, insbesondere der Wohnungsbau. Das mit Abstand größte Projekt jener Jahre ist die Fichteplatz-Siedlung mit 1000 Wohnungen, die größte zusammenhängende und einheitlich geplante Wohnanlage in Mainz. Gebaut wird sie zwischen 1925 und 1928 von Stadt und Reichsbahn, wobei die Gesamtplanung Stadtbaurat Friedrich Luft obliegt. Das Projekt ist aber auch ein Konjunkturprogramm, denn die Arbeiten werden ausschließlich an Mainzer Firmen vergeben. Zumindest eine existiert heute noch: die Bauunternehmung Georg Bruch, die 2024 ihr 125-Jähriges begeht.
Die Wohnanlage soll die in den 20er-Jahren oft gestellte Forderung nach Luft und Sonne erfüllen, hat durch ihre Lage an der Gabelung zweier wichtiger Straßen aber auch eine städtebauliche Funktion. Sie ist Point de vue aus Richtung Stadt, gleichzeitig Riegel und Begrenzung und bildet mit ihren Flanken auch eine Art Leitplanke für Pariser und Obere Zahlbacher Straße. Zum Fichteplatz zeigt sich die Anlage mit ihren 27 Fensterachsen als sehr imponierend, in ihrem Inneren sehr licht und mit großen grünen Höfen. Der Bauschmuck ist zurückhaltend, aber mit schönen Akzenten. Ein Spaziergang mit dem Blick aufs Detail lohnt unbedingt.

Aktuell saniert die Wohnbau ihre Wohnungen dort, wobei Altmieter gegen geringe Mieterhöhung wohnen bleiben können. Allerdings wird's bei Neuvermietungen teurer – dann ist es wohl kein Viertel mehr für Normalverdiener.

Die Bebauung an der Pariser Straße um 1953.

Die Bauaktivitäten bis 1930 sind eingedenk dessen, dass überhaupt erst nach der Inflation wieder an größere Projekte zu denken ist, beachtlich. So entstehen in diesen Jahren – ohne die Bauten für die Franzosen – 4753 Wohnungen, woran vor allem die Stadt und die GmbH für den Bau von Kleinwohnungen, die heutige Wohnbau, ihren Anteil haben, aber auch Reichsbahn, Reichspost, Baugenossenschaften und Bauvereine.
Nach dem Zweiten Weltkrieg ist die Lage unendlich schwieriger. Die Einwohnerzahl des linksrheinischen Mainz ist bis 1945 zwar von 122000 auf 52000 gesunken, aber von 40000 Wohnungen sind 46 Prozent total, 47 Prozent teilweise zerstört. Der französische Stadtplaner Marcel Lods plant 1946, die Stadt bis auf zwei oder drei historische Inseln komplett abzureißen und eine Retortenstadt aus Scheibenhochhäusern zu errichten, doch scheitert diese Idee rasch.

Der Aufbau kommt nur langsam in Gang. Eigentlich erst ab 1950, was für das wieder wachsende Mainz ein großes Problem ist. 1952 werden 100000 Einwohner erreicht, bis 1956 sind es 119000, womit Mainz bei der Bevölkerungszunahme prozentual an der Spitze aller Großstädte liegt. Der Wohnungsbau kann da nicht Schritt halten: Selbst 1956, als es 32550 Wohnungen in 9580 Gebäuden gibt, fehlen noch fast 20 Prozent des Vorkriegsbestands, obwohl die Stadt praktisch die Einwohnerzahl von 1939 hat. Deshalb gibt es zu dieser Zeit noch Barackenquartiere wie etwa am Römerlager unweit des Fichteplatzes.
Nicht weit von diesen Baracken entstehen 1953 in der Pariser Straße moderne Blocks ganz neuen Typs. Sechs Stockwerke hoch, hell verputzt. Gerade Linien, großzügig, „Zentralheizung, Aufzug, eingebaute Kühlschränke, große Balkons und Loggien", wie es im „Buch vom neuen Mainz" von 1955 heißt. Und noch etwas Neues gibt es dort: „Hier sind auch sehr gemütliche Appartements für alleinstehende Berufstätige in den Bauplan einbezogen worden."

Da hat sich das Bauen den gesellschaftlichen Begebenheiten angepasst, daran, dass der Krieg viele allein zurückgelassen hat; die Kriegerwitwe, den heimatlosen ostpreußischen Heimkehrer, dessen Familie nicht mehr aufzufinden ist, oder die Frauen, die sich im Krieg aufgeopfert haben und dabei allein geblieben sind. Neben der GmbH zur Errichtung von Kleinwohnungen sind auch Siedlungsgemeinschaften wie St. Georg in Bretzenheim und Baugenossenschaften aktiv. „Zahlreiche Eigenheime an vielen Stellen des Stadtgebiets, sei es in Richtung Weisenau am Michelsberg, in der Nähe des Stadtparks, in der Oberstadt An der Goldgrube oder in der Umgebung des Stahlbergs, aber auch am Schützenhaus auf dem Hartenberg oder in Gonsenheim und Mombach, zeugen vom Bestreben der Menschen, aus der Enge der Städte herauszukommen", so ein Autor Mitte der 1950er.
Und rümpft man heute auch die Nase über Wohnblocks, so sind sie damals oft das Paradies: Das eigene Bad mit WC ist für viele nie gekannter Luxus, das eigene Zimmer für die

Die modernen, hohen Wohnblocks an der Pariser Straße in den 1950ern.

Kinder, der Balkon ... Und das Dunkel der lichtlosen Hinterhöfe ist einer offenen Bauweise gewichen, die viel Platz zwischen den Blocks lässt. Die AZ schwärmt über „Gärten und Grünanlagen, die dem Spiel der Kinder und der abendlichen Erholung dienen."

Entstehen zunächst überall Wohnblocks, rückt nach der Mitte der 50er der Gedanke an Hochhäuser mehr und mehr in den Vordergrund. Man denkt sogar daran, Mainz mit einem Ring von Wohnhochhäusern auf dem Hochplateau zu umgeben. Schlussendlich werden nur einige gebaut, von denen die ersten die sogenannten „Sternhäuser" am Fort Elisabeth sind. Die Mainzer Architekten Giani und Wagner entwerfen die Häuser mit einem schmetterlingsartigen Grundriss und bis zu zwölf Wohneinheiten je Etage. Dort zu wohnen, ist Anfang der 60er der letzte Schrei, wie man damals sagt, besonders in den oberen Stockwerken.
Es folgen noch die Hochhäuser in der Berliner Siedlung, dann das Doppelhochhaus am Volkspark, das 1963 von der Allianz-Versicherung errichtet wird, und schließlich die Bebauung am Taubertsberg, aber schon bald wird der Trend zum Wohnen in der Höhe vom Drang zum Flachdach-Bungalow abgelöst.

Die Straße An der Philippsschanze Mitte der 50er-Jahre, als die Augenklinik gerade im Bau ist. Rechter Hand die Häuser der Fichteplatz-Siedlung.

Stahlbergstraße mit Blick zur Philippsschanze um 1955.

193 Stahlberg

Vom Festungsbau zum Jugendhaus

Als Goethe 1793 von Marienborn aus Belagerung und Beschießung des französisch besetzten Mainz durch die deutschen Koalitionstruppen beschreibt, fällt sein Blick auch auf die heutige Oberstadt. Dorthin, wo das Hochplateau abfällt ins Tal nach Zahlbach hinunter, zu den drei Schanzen, die dort den Aufstieg über die Steig decken. Eine ist die Clubistenschanze, später Fort Stahlberg, dann 100 Jahre Ort kirchlicher Jugendarbeit, heute exklusive Wohnanlage mit dem Stahlbergturm als eigenwilliger Landmarke.
Vor der alten Festungsanlage liegt ein schmuckes Wohnviertel, das von Unimedizin, Gutenberg-Gymnasium und Sportplatz sowie von Philippsschanze und Landwehrweg begrenzt ist. Ein Viertel, das wie andere in der Oberstadt von den Bau-Wellen in den 20ern und den 50ern geprägt ist.

Die Stahlbergstraße ist Zentrum des kleinen Viertels, bietet Gaststätten, eine Bäckereifiliale und mit dem Betrieb von Wolfgang Köppl (adressmäßig Philippsschanze) sogar eine Metzgerei, wie man sie ja immer seltener findet.
Bis vor ein paar Jahren gibt es noch eine Drogerie mit Post, ein Obst- und Gemüseladen, und schräg gegenüber von Köppl auf der Ecke liegt einst ein Kolonialwarenladen. In der querenden Schillstraße und der parallelen Freiherr-vom-Stein-Straße gibt es früher noch zwei weitere Kolonialwarenläden und ein Geschäft für Molkereiprodukte.

Stadtplan von 1954 mit Schlesischem Viertel und Stahlbergstraße.

Bis in die 60er-/70er-Jahre gibt es in solchen Vierteln oft eine Vielzahl kleiner Geschäfte. Aber Selbstbedienungsläden, Supermärkte und schließlich die großen Einkaufsmärkte machen dem Kaufmann an der Ecke den Garaus. Aber bis heute kann man noch die Spuren erkennen, wenn etwa an normalen Wohnblocks kleine Pavillons vorgebaut sind. Hier im Stahlberg-Viertel hat man Glück, dass wenigstens ein Teil der Infrastruktur erhalten ist.

Das Viertel entsteht nach der Mitte der 20er Jahre, der langgestreckte zweigeschossige Block am Landwehrweg in den 30ern im Zuge eines Wohnungsbauprogramms. Vor allem in Kostheim Siedlung, aber auch in Bretzenheim,

Der langgestreckte Block am Landwehrweg stammt aus den 1930er-Jahren.

Die Wohnblocks entstehen Anfang der 1950er für Landesbeamte nach der Verlegung des Regierungssitzes von Koblenz nach Mainz.

in der heutigen Oberstadt und hier im Landwehrweg werden nach einem Typenkatalog meist Zweigeschosser mit Dachwohnung errichtet.

Die Zwei- bis Vierzimmerwohnungen haben 40 bis 57 Quadratmeter mit Fußböden aus Tannenholz oder Steinzeugplatten, je einer Steckdose in den Zimmern und Ofen im Wohnzimmer. Der ist ebenso aus emailliertem Gusseisen wie Sitzbadewanne und Porzellanabortbecken mit Sitz und Deckel, alles damals nicht selbstverständlich. Hinterm Haus gibt es Wäschetrockenplätze, Teppichklopfplatz, dazu hat jede Wohnung eine Nutzgartenfläche von 50 Quadratmetern.

Der Landwehrweg markiert die alte Gemarkungsgrenze nach Bretzenheim, die wichtigste Straße ist hier aber seit jeher die Obere Zahlbacher Straße, stellt sie doch die Verbindung zwischen Bretzenheim/Zahlbach und der Stadt her. Via Steig und Gautor.

Nachdem die französischen Revolutionstruppen im Oktober 1792 praktisch kampflos Mainz einnehmen, beginnt man umgehend mit dem Ausbau der Befestigungen. Denn es ist abzusehen, dass die deutschen Staaten unter Führung Preußens versuchen werden, Mainz zurückzuerobern. Und so werden an der Hangkante des Linsenbergs gen Zahlbach drei Schanzen errichtet, die mittlere direkt an der Steig. Das ist die Clubistenschanze, deren Name mutmaßlich auf die Beteiligung der Mitglieder des Mainzer Jakobinerclubs an Bau und Verteidigung stammt.

1793 kommt es tatsächlich zum Sturm auf die Schanze, es wird ein blutiges Hin und Her. Erst gelingt den Preußen die Eroberung, dann holen sich die Franzosen das Bollwerk zurück, tags darauf stürmen die Preußen erneut, die Belagerten schlagen wieder zurück, bevor die Franzosen aufgeben und Mainz räumen. Rund um die Schanzen liegt alles in Trümmern. Das im Tal liegende Dahlheimer Kloster (heute Gelände Psychiatrie) ist ebenso zerstört wie Zahlbach. Es gibt noch weitere Belagerung, bis Mainz bis 1797 Mainz kampflos per Friedensvertrag an Frankreich fällt.

Viel Blut ist geflossen an der Steig, es ist aber das letzte Mal, obwohl 1840 die Schanze zum Fort Stahlberg ausgebaut wird. Bei der Eroberung von Mainz durch die Amerikaner 1945 gibt die am Fort Stahlberg aufgestellte und im Erdkampf gefürchtete 8,8-Zentimeter-Flak keinen Schuss ab, ebenso wie die beiden 8,8 am Fichteplatz.
Die militärische Zeit von Fort Stahlberg ist seit 1907 vorbei und 1910 beginnen dort fast 100 Jahre katholische Jahre. Die stehen von Anfang bis Ende im Zeichen der Jugend, beginnend mit der Ära des katholischen Lehrlingshauses und dessen Präses Karl Bendix.
Das erste Lehrlingshaus steht in der Bauerngasse 8, bevor 1894 in der Breidenbacher Straße / Ecke Acker (seit den 1980ern Erweiterung Innenministerium) ein großzügiger Neubau entsteht. Dessen Präses stößt bei der Suche nach einem Freizeitgelände auf das Fort Stahlberg. Er kauft es später für 100000 Reichsmark, und es entsteht unter Einbeziehung der Festungsanlagen wie Hohltraversen, Poterne oder dem Reduit diverse Gebäude bis hin zu einer Veranstaltungshalle und einem Musikpavillon auf der Bastionsspitze. Nur die katholischen Lehrlinge haben Zutritt, aber einmal im Jahr gibt es das „Stahlbergfest", zu dem Tausende Besucher kommen.

Zur Anlage des katholischen Lehrlingshauses gehört auch der Musikpavillon.

Die Anlage ist bekannt für zwei Wahrzeichen, von denen das erste ab 1926 das noch erhaltene Reduit am Landwehrweg ziert – das Reiterstandbild von St. Martin, das wegen Witterungsschäden vom Westchor des Doms entfernt und hier aufgestellt wird. Es bleibt 70 Jahre, bis es nach eingehender Sanierung Ende der 90er-Jahre seinen Standort auf der Kupferbergterrasse findet.
Zweites Wahrzeichen ist der sogenannte Bendix-Turm, der 1932 in der großen Wirtschaftskrise als Beschäftigungsmaßnahme für Arbeitslose errichtet wird. Er dient dem Gedenken an den 1929 verstorbenen Präses und als Mahnmal für im Weltkrieg gefallene Mitglieder des katholischen Lehrlingsvereins ist 17 Meter hoch, verfügt über drei Geschosse und eine Aussichtsplattform.

Als die Nazis nach 1933 heute die Kirchen und deren Gliederungen drangsalieren und verfolgen, sind auch Lehrlingsverein und Fort Stahlberg nicht ausgenommen. Zwar kann im Herbst 1938 hier die provisorische, für die Frontkämp-

Am Fort Stahlberg liegt auch der Sportplatz des Turnverein Jahn.

fersiedlung (heute Schlesisches Viertel) zuständige Pfarrei Stahlberg in einer kleinen Halle am Reduit eine Kapelle einrichten und die Heilige Messe feiern, aber bald wird das ganze Gelände beschlagnahmt.

Fort Stahlberg wird genutzt für technische Hilfsdienste, es entsteht ein Behelfsbau für die ausgebombte Schutzpolizei und schließlich auch ein Gefängnis. Die Gestapo sperrt im August 1944 die im Rahmen der „Aktion

Gitter" verhafteten früheren Politiker von KPD, SPD und Zentrum in das Reduit, den Bunker. Die Zentrumspolitiker werden bald entlassen, auch einige Kranke, aber 44 Verhaftete werden ins KZ Dachau gebracht. Bald darauf zerstört oder beschädigt ein US-Angriff bis auf den Turm alle Gebäude, nach der Rückgabe des Geländes 1948 stehen der Lehrlingsverein vor Trümmern.
Fort Stahlberg wird nun als Diözesanjugendheim St. Martin genutzt, doch die Uni hat ein Auge aufs Gelände geworfen, weil sie die geschlossene Anlage als ideal empfindet für den Bau einer psychiatrischen Klinik. 1960 wird das erste Kaufangebot abgelehnt, aber es kommen bis 1970 noch mehrere, bis die Uni aufgibt.

Aber das Aus für das Jugendhaus kommt doch noch, denn das Bistum beauftragt die Unternehmensberater McKinsey, alle Kosten zu überprüfen. Auch die Jugendeinrichtungen Don Bosco auf dem Hartenberg und St. Martin in der Oberstadt kommen auf den Prüfstand. Am Ende wird ein Großteil von Don-Bosco verkauft, das Fort komplett. Unter dem Titel „Wohnen im Park – Fort Stahlberg in Mainz" entstehen hinter dicken Mauern zweigeschossige Würfel, während der Turm 2011 renoviert wird und heute als originelle Übernachtungsgelegenheit mit famoser Aussicht dient.

Der Bendix-Turm wurde 1932 in der Wirtschaftskrise als Beschäftigungsmaßnahme für Arbeitslose errichtet.

Blick vom Stahlberg-Turm über die heutige Wohnanlage.

Blick in die Oderstraße mit Brezel-Käfer in der günstigsten Standardversion um 1950.

194 Schlesisches Viertel

Die Frontkämpfersiedlung

Bei Erhebungen über die Professorendichte je Quadratkilometer in Wohngebieten würde die Oberstadt mit Sicherheit weit vorn liegen. In den 1950ern gibt es dort aber sogar eine Straße, die bei der Zahl von Bewohnern mit akademischen Graden ganze Stadtteile abgehängt hätte – die Beuthener Straße im Schlesischen Viertel, der einstigen „Frontkämpfer-Siedlung". Wohnen hier 1952 acht Professoren und neun Doctores, zählt die Straße zwei Jahre später schon zwanzig promovierte Bewohner, von denen zwölf habilitiert sind. Und das in einer Siedlung, die in den 1930ern für mittellose Kriegsopfer erbaut wird, allerdings nur angeblich, denn dieses Ziel ist nur Propaganda.
Auch wenn es in der Neustadt nach 1918 noch genügend Bauplätze gibt, wird vor allem in der heutigen Oberstadt gebaut. Neben der großzügigen, lichten Anlage am Fichteplatz entstehen vor allem Siedlungen, denen neben der Bescheidenheit vor allem die Anlage von Nutzgärten gemein ist.

Der Gedanke, ärmeren Schichten mit kleinen Gärten bei der Selbstversorgung mit Obst und Gemüse, aber auch der Kleinviehhaltung zu

helfen, stammt aus dem 19. Jahrhundert. Armen- oder Schrebergärten heißen sie im ganzen Reich, oft stellen auch Firmen sie ihren Arbeitern in Werkssiedlungen zur Verfügung, und bei der Bahn gehören sie zu jedem Bahnwärterhaus. Vom Südbahnhof bis zum Tunneleingang gibt es lange solche Gärten oder dort, wo die Gleise von der Hauptstrecke zur Kaiserbrücke abknicken.
Dieser Selbstversorgergedanke findet auch in das ab 1900 entstehende Siedlerwesen Eingang, das in Mainz aber erst in den 20ern richtig Fuß fasst. Denn nun stehen die Flächen zur Verfügung. Während die typisch städtische Blockrandbebauung der Neustadt vorbehalten bleibt, entstehen in der Oberstadt grüne Siedlungen. Ketteler-, Luther- und Ebert-Siedlung auf genossenschaftlicher Basis und in den 30ern die „Frontkämpfersiedlung" – diese wird vom Staat gefördert. Genauer gesagt: Von der Kriegersiedlung GmbH der NS-Kriegsopferversorgung in Berlin.

Die NSKOV baut im Reich einige dieser „Frontkämpfersiedlungen", bei denen, so ein Baujournal aus den späten 30ern, „in erster Linie Schwerkriegsbeschädigte, Kriegerwitwen und

Siedlungshäuser in der Plesser Straße.

Blick in die Plesser Straße in den 1930ern, als das Schlesische Viertel noch Frontkämpfersiedlung hieß.

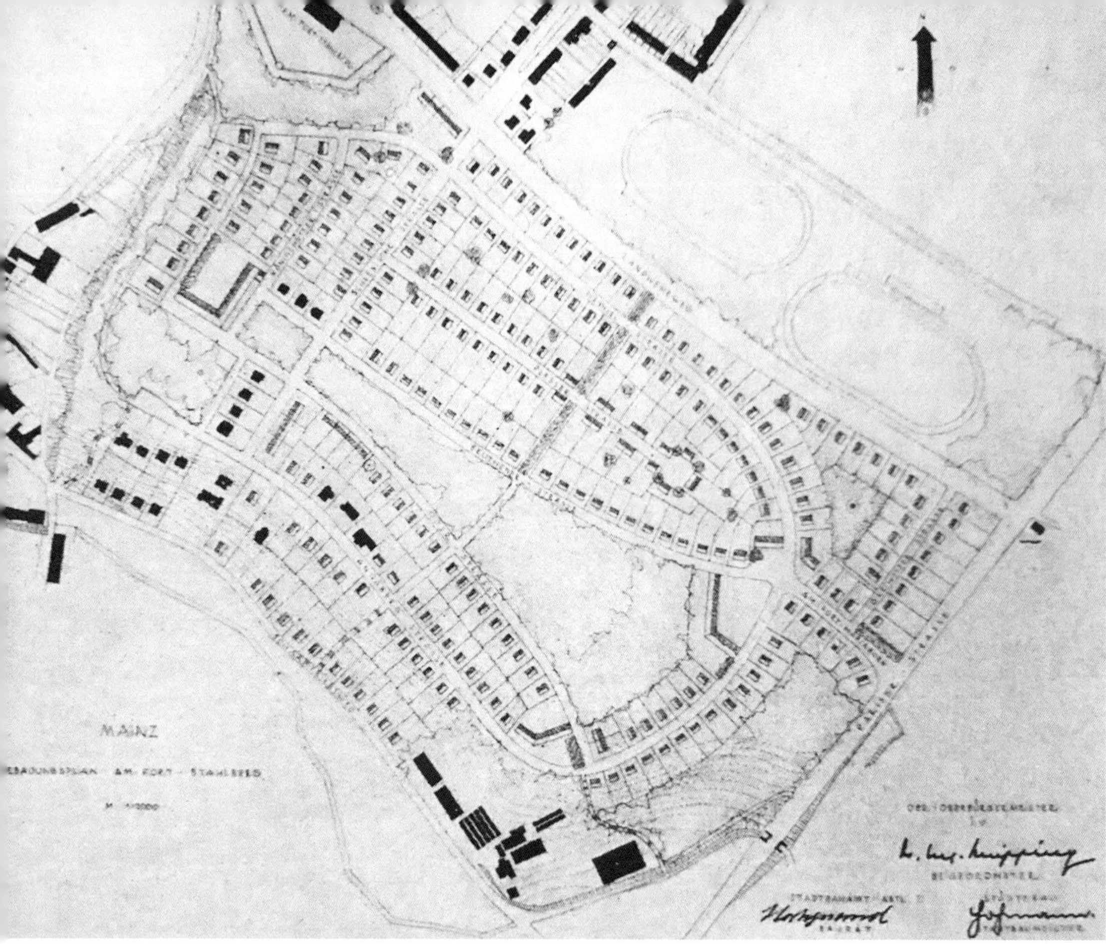

Karte zum Bebauungsplan Am Fort Stahlberg, erst später erhielt das neue Viertel den Namen Frontkämpfersiedlung.

Hinterbliebene von Gefallenen Berücksichtigung finden". Um es aber vorwegzunehmen: Nur wenige Siedlerstellen gehen tatsächlich an die Bedürftigen. Der frühere Leiter des Stadtarchivs, Friedrich Schütz, schrieb einmal dazu, dass zu den Gründungssiedlern zwar „zwei Kriegerwitwen gehörten und sich in der Plesser Straße neun Hausbesitzer als Invaliden bezeichneten, aber im Übrigen überwogen kleine und mittlere Beamte und Angestellte". In der Annabergstraße wohnen von Anfang an zumeist Angehörige der Oberschicht, so Schütz, ebenso in der Oderstraße. Dies wird auch von anderen Siedlungen für Bedürftige berichtet, die an andere Gruppen gehen, manchmal auch an verdiente Parteigenossen.

Das zitierte Baujournal schreibt zur Mainzer „Frontkämpfersiedlung" im Jargon der Zeit: „Die Heimstätten sollen in ihrer äußeren Haltung schlicht sein, deutschen Geist und heimatliche Bodenständigkeit zur Schau tragen und jede fremde Formengebung vermeiden." Als Gebäudeform wird der einfache und billige „Stadtrandhaustyp" in drei Varianten gewählt, einstöckig mit hohem, ausgebautem Satteldach. Die Baukosten liegen bei 7000 bis 7500 RM mit einem „Eigengeld" der Siedler zwischen 700 und 1500 RM. Günstige Hypotheken von Stadt und Staat machen die Belastung von maximal 440 RM jährlich tragbar.

Der städtische Baurat Luft und die Architekten Gill und Schütz haben Planung und Leitung inne, wobei gefordert ist, dass die „Haustypen so beschaffen sind, daß den körperlichen und gesundheitlichen Schäden der Siedler Rechnung getragen werden kann".

Schütz notiert weiter: „Am 2. Juli 1935 erfolgte der erste Spatentisch. Die NSDAP machte ein großes Ereignis daraus, mit Fahnen, Musik und Reden. OB Dr. Barth grub den ersten Spatenstich." Schon am 24. August 1935 ist Richtfest für den ersten Bauabschnitt. Anfangs sind 30 Häuser vorgesehen, 1936 stehen schon um die 70 und 1942 sind es 157.

Blick vom Rodelberg auf das Schlesische Viertel zu Beginn der 1950er.

Dass die Straßen der Frontkämpfersiedlung nicht im einfachen Raster angelegt sind, sondern geschwungen und am Ende von Oder- und Beuthener Straße trichterförmig auseinanderlaufen, erklärt sich aus den alten Verbindungen von Fort Mariaborn und Fort Stahlberg. Die sind unterirdisch in Form von Schutz- und Verteidigungsgängen noch erhalten, und darüber will man zunächst nicht bauen. Im Krieg werden dort Luftschutzbunker eingerichtet, so wie in den Gangsystemen im Vorfeld von Fort Philipp, dort, wo heute Gutenberg-Gymnasium und Sportplatz liegen. In diesen Kasematten gibt es heute noch Aufschriften, die auf den Ausgang zur Frontkämpfersiedlung verweisen.

Die 1954 geweihte Heilig-Kreuz-Kirche zwischen Landwehrweg, Weichsel- und Schlesischer Straße.

Nach dem Krieg nennt man die Siedlung nach den Straßennamen nun Schlesisches Viertel. Die ersten Nachkriegsbauten baut die Universität, 21 Holzhäuser für Professoren und sonstige höher gestellte Mitarbeiter von Uni und Uniklinik. Diese Professorenhäuser, von denen heute nur wenige in Originalform existieren, entstehen 1948 an der Beuthener Straße, was dort zur eingangs erwähnten Akademikerdichte führt. Die Häuser sind ein gutes Argument bei der Gewinnung von Hochschullehrern, ist doch die Konkurrenz groß, seit nach der Währungsreform die alten, im Krieg zerstörten Traditionsuniversitäten zu alter Größe und Stärke finden. Die ersten Mainzer Studentenwohnungen folgen übrigens erst vier Jahre später, als mit Zuschuss von US-Hochkommissar McCloy an der Saarstraße drei Wohnheime für 261 Studenten, das sogenannte Kolleg, errichtet werden.

Dominierender Neubau des Schlesischen Viertels ist die 1954 geweihte Heilig-Kreuz-Kirche zwischen Landwehrweg, Weichsel- und Schlesischer Straße. Vorm Krieg gibt es schon eine kleine Pfarrei, aber sie ist ein Ableger von Zahlbach, und für ein paar Jahre werden im benachbarten Fort Stahlberg in einer Kapelle Messen gehalten. Nach dem Krieg ist es endlich soweit, als das Jugendhaus St. Martin, Eigentümer von Fort Stahlberg, das irgendwann in weiser Voraussicht erworbene Vorfeld der Militäranlage unentgeltlich der Heilig-Kreuz-Gemeinde überlässt.

Es entsteht ein bis heute außergewöhnlicher Kirchenbau, „in Deutschland die erste reine Zentralkirche des 20. Jahrhunderts im katholischen Bereich", so die Denkmaltopographie Stadt Mainz (Band 2.1) und weiter: „Der Zy-

Die Heilig-Kreuz-Kirche war als Zentralbau eine Neuerung in der katholischen Kirchenarchitektur.

linder des Altarraums und der Teilzylinder des Gemeinderaums sind aus einem Kreismittelpunkt heraus konstruiert. Der Gemeinderaum umschreibt 5/8 einer Kreisfläche mit einem Radius von 17,5 Meter." Keine riesigen Dimensionen, aber auch nach fast 70 Jahren ist der Bau unbedingt sehenswert. Blickfang von der Schlesischen Straße her sind die kupferbeschlagenen Türflügel, die über die ganze Höhe des Chorraums reichen, und das aus drei abgestuften Glassteinringen bestehende Dach, das wie die verkleinerte Dachkonstruktion der Breslauer Jahrhunderthalle wirkt – und das am Eingang zum Schlesischen Viertel. Passt.

Es gibt noch eine weitere Kirche im Viertel, die 1970 wie ein Beton-UFO inmitten der hölzernen Professoren- und der bescheidenen Siedlerhäuser unsanft gelandet ist. Es ist die Betonpyramide der seit 1956 selbstständigen Melanchthongemeinde, die in den 60er-Jahren an den Kirchbau geht und einen Wiesbadener Architekten findet, der nach dem Motto „klotzen, nicht kleckern" ein wuchtiges Statement abliefert.
Die Betonpyramide sucht nicht die Harmonie mit der Umgebung, sondern will dominieren.

Aber das sagt natürlich nichts über die Gemeinde daselbst aus, die sich vom Kindergarten bis zum Seniorenkreis überaus lebendig zeigt und 2019 sogar ein neues Gemeindehaus einweihen kann. Und der seit 2013 amtierende Pfarrer trägt gar einen Nachnamen, der besser gar nicht mit der Nachbarschaft harmonieren könnte – Dr. Thomas Stahlberg.

Die massive Betonpyramide der Melanchthon-Kirche.

Michael Bermeitinger

Der Autor dieses Buches wurde 1960 in Lörrach/Baden geboren, wuchs in Bonn auf und lebt seit 1974 in Mainz. Seit 1988 Redakteur der Allgemeinen Zeitung, ist er ab 2012 in der Lokalredaktion Mainz tätig, für die Bermeitinger unter anderem über die jüngere Geschichte der Stadt Mainz schreibt. Themen sind hierbei nicht die großen historischen Linien, sondern der Alltag der Menschen, die städtebauliche, architektonische und verkehrliche Entwicklung der Stadt. Im Magazin „Unsere Geschichte" der VRM beleuchtete er in einzelnen Ausgaben unter anderem die 1930er, 1950er, 1960er und 1970er Jahre in Mainz. – In den letzten Jahren hat Bermeitinger eine umfangreiche Sammlung Tausender alter Fotos und Ansichtskarten aufgebaut, die ergänzt wird durch Dokumente, die von Kofferaufklebern, Firmenbriefen und Speisekarten über Straßenbahnfahrpläne, alte Werbung und Lebensmittelkarten bis hin zu Fahrkarten und Fastnachtsprogrammen reicht. Quelle sind in aller Regel Internetauktionshäuser wie Ebay, aber auch der Johannis-Büchermarkt oder die Bücherstände beim Zitadellenfest. Die Idee zu den Stadtspaziergängen ist über Jahre gewachsen. Der Gedanke dabei war, dass Geschichte und Geschichten nicht immer nur ereignisbezogen zu Jahrestagen erzählt werden sollten, sondern aus der Perspektive des Alltags und der Stadtviertel. Was lag also näher, als Straße für Straße durch die Stadt zu spazieren und von all den großen und kleinen Ereignisse zu erzählen, von den besten Zeiten wie auch den dunklen Jahren. Mainz kann so schön sein, aber es hat auch Ecken, die wie eine einzige Narbe wirken. Zu verstehen, warum das so ist, dabei sollen die Stadtspaziergänge helfen, die seit September 2018 mit kurzen Unterbrechungen immer montags erscheinen.

Literatur (Auswahl):

Balzer, Wolfgang: Eine Stadt und ihr Militär, 25 Bde.
Brückner, Max: Mainz-Weisenau am Rhein, Horb 1986
Dumont/Schütz/Scherf: Mainz. Die Geschichte der Stadt, Mainz 1998
Falk, Ludwig: Mainz - damals, gestern und heute, Stuttgart 1984
Heiser, Rita: Namen der Mainzer Straßen und Örtlichkeiten, Stuttgart 2008
Hof-Barocke, Barbara und Mosbach, Udo: Weisenau bei Mainz, Erfurt 2006
Keim/Mathy/Schütz: Mainz - so wie es war; Düsseldorf
Ketteler-Bauverein: 100 Jahre Chronik Ketteler-Bauverein Mainz, Mainz 2019
Leiwig, Heinz: Mainz 1933-1948, Mainz 1987
Leiwig, Heinz: Bomben auf Mainz, Mainz 1995
Neise, Harald: Mainz und seine Straßenbahn, Stuttgart/Mainz 1983
Röhrig, Reinhold: Die Mainzer Spitäler und Krankenhäuser
Stadtverwaltung Mainz: Mainz-Weisenau einst und jetzt, Mainz 1979
Stadtverwaltung Mainz: 1969 – 40 Jahre zusammen – Mainz und Weisenau, Mainz 1969
Schumacher/Wegner: Kulturdenkmäler in Rheinland-Pfalz, Band 2.1: Mainz Stadterweiterungen, Düsseldorf 1986
Wegner, Ewald: Kulturdenkmäler in Rheinland-Pfalz, Band 2.2: Mainz Altstadt, Düsseldorf 1988
Krienke, Dieter: Kulturdenkmäler in Rheinland-Pfalz, Band 2.3: Mainz Vororte, Worms 1997
www.heidelbergcement.de : Die Geschichte des Zementwerks Mainz-Weisenau
Uhlig/Schneider: Ansichtssache - Mainz 1960-1980 in den Fotografien von Viktor Brüchert

Adressbücher: diverse Jahrgänge
Reiseführer Baedeker, Woerl, Grieben, verschiedene Jahrgänge
Allgemeine Zeitung / Mainzer Anzeiger, verschiedene Jahrgänge
Mainz Vierteljahreshefte für Kultur, Politik, Wirtschaft, Geschichte ab 1981
Das neue Mainz, Städtisches Presseamt: 1953-1973
Mainz-Magazin: 1974-1975
Unsere Geschichte, Hefte 1-6, VRM, Mainz 2015 bis 2018